Piérdale el miedo a la computación

Piérdale el miedo a la computación

Ing. Ricardo Alonso Raby

www.librosenred.com

Diseño de Tapa: Patricio Olivera
Dirección de Contenidos: Ivana Basset
Dirección General: Marcelo Perazolo
Responsable de esta edición: Vanesa Rivera

Primera edición en español - Impresión bajo demanda

Copyright 2003 LibrosEnRed
Una marca registrada de Amertown International S.A.

ISBN: 987-561-005-4
Hecho el depósito que marca la ley 11.723

Para encargar más copias de este libro o conocer otros libros
de esta colección visite www.librosenred.com

PIÉRDALE EL MIEDO A LA COMPUTACIÓN

(Y de paso, conviértase en persona importante)

Este Libro está diseñado para quienes reconocen humildemente no saber nada de Computación. En forma sencilla y conducente, describe:

¿QUÉ ES UN COMPUTADOR?
¿CÓMO SE TRABAJA CON UN COMPUTADOR?
¿PARA QUE SIRVE?
USOS MÁS FRECUENTES:
Procesador de Palabras
Planilla de cálculo
Interactividad (Juegos y otros...)
MICROSOFT®WINDOWS®.
INTERNET.

y proporciona además: muchos CONSEJOS...

Ing. Ricardo Alonso Raby
Viña del Mar – Chile
Año 2003

Dedico esta obra a los miembros de mi familia, quienes bromeando me dijeron que si ellos podían entenderla, bien podría publicarla. Al parecer, la entendieron. Por su modestia y cooperación, mis sinceros agradecimientos.

Especial reconocimiento debo expresar a don Pablo Délano I., Ingeniero Civil Industrial especializado en Computación y Profesor de esta disciplina en Chile, por la revisión técnica de este documento y por sus valiosos consejos. En todo caso, el texto definitivo es de mi exclusiva responsabilidad.

Ing. Ricardo Alonso Raby

Las cosas deben ser simples, pero no más allá de lo necesario.

Einstein

1.- Introducción.-

Este libro, más bien una Guía, es un conjunto de explicaciones orientadas a que Ud. pueda saber qué es la Computación; y, en particular, qué es un Computador Personal (o PC).- Le enseñará cómo está estructurado un PC, para qué sirve, cómo trabajar con él y cuáles son algunas de las Aplicaciones más usuales. Sin la menor pretensión de ser un texto rigurosamente científico, contiene sin embargo suficiente y adecuada información para lograr esos objetivos.

Según mi experiencia, los conocimientos de Computación, así como los de muchas otras disciplinas, se adquieren <u>estudiando</u>, <u>preguntando y practicando</u>.

Si con la <u>lectura</u> de esta Guía Ud. da el primer paso en el conocimiento de la Computación; si, al mismo tiempo, <u>consulta</u> a quienes saben más; y, finalmente, si, sin temor, <u>realiza investigaciones</u> por su cuenta, con toda seguridad aprenderá bastante sobre el tema y podrá seguir progresando.

Una de las cosas más difíciles en materia de enseñar (y aprender) Computación es saber dónde empezar... y dónde terminar.

El área de la Computación es muy extensa. Tanto se han visto obligados a complicar el asunto los especialistas, que si no se elige un camino simple de enseñanza y un objetivo concreto y más bien cercano, el estudiante tendrá que retroceder a menudo para aclarar conceptos o se quedará atascado sin remedio en algún punto.

En razón de lo anterior, el **MÉTODO** de enseñanza de esta Guía quiere ser sencillo y conducente. Se apoya en el supuesto de que Ud. está en las mismas condiciones en que estaba el autor hace unos años atrás; vale decir, que <u>sabe</u> que la Computación puede hacer muchas cosas, incluso con una visión restringida de ellas, pero que <u>no tiene la menor idea de su amplitud ni de cómo hacerlas</u>. Más aún, afronta con cierto <u>temor</u> la expectativa de iniciarse en esta disciplina. En muchos casos, las personas pueden dirigir a especialistas y obtener provecho de la Computación, lo que no deja de ser importante; sin embargo, como usuarios directos de un Computador son totalmente nulos, y no perciben lo que se pierden.

Es así como aquí no sólo se describen los temas, sino que se proporcionan ejemplos. De hecho, el desarrollo mismo de algunas materias se hace a través de ejemplos.

Leyendo esta Guía Ud. encontrará palabras o frases destacadas de diversos modos, según se explican a continuación:

Forma de destacar	Se usa en:	Ejemplos
Todo en mayúsculas	Títulos y abreviaturas de nombres o de *Programas* en Computación.	ÍNDICE DE MATERIAS, CAPÍTULO CUARTO, etc. o PC, CPU, MS-DOS ®, etc.
La primera letra en mayúscula, en palabras que no necesariamente inician frases.	Nombres que tienen un significado muy particular en Computación.	Procesador de Palabras, Barra de Tareas, Correo Electrónico, Pantalla, Aplicación, Datos, Formato, etc.
Cursiva	Formas verbales, acciones o palabras que tienen un significado especial en Computación, algo diferente del habitual.	*Seleccionar* el texto para borrarlo. *Guardar* un Archivo. *Alinear* contenidos. *Abrir* una *Aplicación*, etc.
Negrita	Avisos, advertencias importantes o expresiones que deben tenerse muy en cuenta. Nombres de Capítulos. Conceptos interesantes.	**¡No borre esto!** 1.- **INTRODUCCIÓN**.- El Computador **no piensa**.
Sombrear párrafos, con o sin bordes.	Destacar un párrafo para dar explicaciones adicionales sobre un tema, que pueden leerse más adelante o que son muy complicadas para esa etapa.	Con el Asistente de Funciones pueden calcularse fórmulas trigonométricas.
Subrayados de todo tipo	Gustazos del autor....	¡ADVERTENCIA! No cruce esta calle ¡CONSEJO! No fume Si no hace caso, es asunto suyo.
Comillas	Palabras o sentencias que representan citas, dichos, simbologías, ideas especiales, etc.	"No tenga miedo".- Para que el PC trabaje bien, "calma".- "A Dios rogando y con el mazo dando".

A su vez, el **OBJETIVO** de esta Guía es limitado, y pretende llevar a Ud. sólo hasta una situación en que sea capaz de manejar bien, física y conceptualmente un PC, que le permita usar y sacar provecho de algunas *Aplicaciones* y que lo capacite para seguir investigando y aprendiendo por su cuenta.

Si en algunas partes del texto la metodología empleada no logra plenamente su finalidad, visite el Capítulo 5 - LENGUAJE COMPUTACIONAL.- Contiene un Vocabulario de términos usados en Computación. Allí no sólo encontrará el significado de cada palabra o concepto, sino también algunas explicaciones adicionales que le pueden ser de utilidad en la comprensión de ciertos temas.

2.- Comparación de un Computador con un Ser Humano.-

Un recurso muy usado en la enseñanza de la Computación es hacer un símil entre el Computador y nosotros mismos. En efecto, si conocemos las funciones de nuestro organismo y nos dicen que las de un Computador son similares, indudablemente será más fácil entenderlo.

La Computación es una ciencia que trata del manejo de Datos.- Datos son informaciones que recibimos de nuestro alrededor: números, letras, colores, temperaturas, sonidos, etc., etc.- Los Datos pueden estar ahí y simplemente ser tolerados... como hace una piedra con ellos. Nosotros, sin embargo, al igual que los demás seres vivos, los utilizamos y generamos algo de su observación.

Como toda ciencia, la Computación no puede aprenderse en breve plazo y con demasiada facilidad. Lo que nos interesa, por ahora, es saber <u>qué puede hacer la Computación con los Datos</u> y <u>cómo podemos aprovechar esa capacidad</u>. Dejemos a los profesionales su conocimiento más profundo.

El Computador es una herramienta artificial conque el Hombre maneja los Datos en forma mucho más eficiente que con sus propios sentidos. En él, no obstante, ha aplicado los mismos pasos que cotidianamente debe dar, como ser vivo, en el manejo de Datos. Ellos son:

a) <u>Observación y captación</u> (ingreso de los Datos).

b) <u>Almacenamiento</u> (registro o archivo de los Datos).

c) <u>Procesamiento</u> (cambios que se efectúan con los Datos, tales como: operaciones matemáticas, análisis lógicos y clasificaciones).

d) <u>Presentación de resultados</u> (escritos, conferencias, videos, etc.)

e) <u>Transmisión</u> (participación a terceros de los Datos o de los resultados).

Lo mismo sucede con el Computador. El cuadro que sigue compara el Computador con el Hombre, mostrando estas funciones y algunos de sus recursos de implementación:

FUNCIONES	HOMBRE	COMPUTADOR
Captación e ingreso de Datos	Ojos, oídos, tacto.	Teclado, discos, micrófono.
Almacenamiento de Datos	Memoria, papel.	Archivos magnéticos.
Elaboración de Datos	Cerebro.	Instrucciones grabadas.
Presentación de resultados	Voz, escritura, gestos.	Pantalla, Impresora.
Transmisión de Datos	Voz, teléfono, escritos.	Líneas telefónicas, ondas electromagnéticas, discos magnéticos.

El Computador tiene las siguientes características:

a.- Es **irracional**.- No piensa por sí sólo. Únicamente obedece instrucciones. (¡No se asuste! Estas instrucciones las hacen los técnicos, y están incorporadas en su Computador).

b.- Es extraordinariamente **rápido**.- A modo de ilustración, si el ser humano se demorara 1 segundo en hacer un cálculo, esta máquina lo haría en 1 millonésimo de segundo o algo parecido; si el ser humano puede hacer 6 cálculos en una hora, el Computador efectúa billones en ese tiempo.

c.- Es **exacto**.- Todo lo que se le pida lo realiza sin errores, provisto que tenga las instrucciones para así proceder.

d.- Es **versátil**.- Es capaz de hacer muchas cosas (escribir, calcular, revisar, recordar, hacer gráficos, etc., etc.) y presentar resultados de muchos modos (en colores, en letras de todo tipo, en Pantalla, en un impreso, etc.).

e.- Es **útil**.- Las características de rapidez, exactitud y versatilidad lo convierten en una ayuda muy eficaz para todo tipo de trabajo intelectual: escritura, cálculos, dibujos, diseños, comunicaciones, controles, etc.

f.- Es **entretenido**.- No subestime esta característica. Ella generalmente se identifica con Juegos, y uno dice: ¿para qué quiero Juegos? - Ciertamente, habiendo multitud de Juegos, muchos son insulsos, violentos o sólo sirven para algunos niveles intelectuales. Otros, son realmente interesantes, como el ajedrez, donde Ud. juega contra el Computador y hasta puede ganarle. Pero, en el fondo, esta facultad del Computador para "interactuar" con Ud. no sólo se manifiesta en Juegos, sino que es mucho más amplia: Ud. puede seguir cursos, aprender idiomas, conectarse con Internet, dibujar, diseñar, escuchar y crear música, hacer compras o ventas, declarar y pagar sus impuestos, y así...

g.- Es **obediente**.- Si está adecuadamente provisto de Equipo (*Hardware*) y de *Programas* (Software) hace lo que uno quiere. A veces, el Computador se pone "majadero" y cree que puede actuar por su cuenta (claro que sin peligros). En esos casos, basta con apagarlo - <u>siguiendo el procedimiento de rigor</u> - y encenderlo de nuevo. Aprende de inmediato la lección y se comporta como corresponde...

h.- Es de una **cabida** extraordinaria.- Puede contener miles y millones de Datos, Archivos, *Programas* y similares, en forma ordenada y fácil de ubicar.

3.- Descripción de un computador personal (PC).-

Existen numerosos tipos y modelos de Computadores. Este libro tratará particularmente sobre los Computadores Personales (PC's, del inglés: Personal Computers), de manejo individual por personas y de uso muy extendido en hogares y empresas. La línea de los PC's comprende muchas marcas y modelos. El primer PC comercializado apareció en 1981, de marca IBM, si bien ya en los años 70 habían diversos ensayos y prototipos de varias compañías.

La Computación aplicada, empezó en general, a desarrollarse en proyectos de gran envergadura. El Computador Personal es un producto derivado de esos conocimientos y adaptado a una utilización más individual e independiente por las **personas**. Sin perjuicio de lo anterior, los Computadores Personales juegan igualmente un rol muy importante en las **empresas**.-

El Computador Personal se presenta en equipos de _Escritorio_ y equipos _Portátiles_. Estos últimos los usan preferentemente ejecutivos, vendedores, personas que viajan, y en general, quienes necesitan trabajar con sus Datos en diferentes lugares.

El presente texto se refiere exclusivamente a los PCs en su versión de _Escritorio_ (si bien mucho de lo descrito es aplicable también a las versiones portátiles).

Los componentes básicos de un PC son:

❖ Unidad Central.- (CPU)

Es una caja o torre que contiene los sistemas eléctricos y electrónicos que hacen funcionar el Computador.

Para nosotros, ésta será sólo una *caja negra* llena de brujos que hacen cosas maravillosas.

(Cuando escuche palabras tales como: fuente de poder, tarjeta madre, disco duro, etc., ponga cara de experto y diga que ésos son elementos de la Unidad Central.)

Esta unidad posee conexiones para la toma de corriente eléctrica y para unirse con otros aparatos (Mouse™, Monitor de TV, Impresora, Scanner, palanca de juegos, etc.).

Dispone, asimismo, de Disketteras, lectores de discos compactos (CDs), grabadores de CDs y otros elementos de entrada y almacenamiento de Datos. Estos elementos también pueden darse en forma externa a la Unidad Central.

❖ Teclado.-

Es un conjunto de teclas, ordenadas en forma muy similar a las de una máquina de escribir. La mayoría representa letras, números y signos; pero hay algunas teclas que sirven para dar instrucciones al Computador, como por ejemplo: *borre lo escrito, mueva la página, proporcione ayuda en algún tema, imprima, etc.*

La función del Teclado es, entonces, comunicarse con el Computador. Permite introducir Datos en él. La simple escritura, por ejemplo, es una serie de Datos que se van incorporando mediante la pulsación de teclas representativas de alguna letra o signo.

❖ Pantalla de TV.- (Monitor).

La Pantalla es la expresión más típica del Computador, constituyendo un medio por excelencia de salida de Datos.

Muestra lo que uno escribe o diseña, presenta documentos, proporciona comandos, despliega video y cine, solicita órdenes, etc.

❖ Ratón.- (Mouse).-

Se usa más la palabra inglesa "Mouse". Es un aparato en forma de ratoncito, conectado al Computador, que se arrastra con la mano sobre un área cercana a él. Tiene dos o más botones (teclas), que se pulsan con los dedos para lograr ciertos efectos en el Computador. Esta operación se llama "hacer clic". El Mouse es un elemento de comunicación con el Computador, a semejanza del Teclado.

Habitualmente se usa el botón izquierdo del Mouse. Sin embargo, si hace clic con el botón derecho sobre el objeto *señalizado* o *seleccionado* (verá la diferencia entre estos dos términos más adelante), se *abrirá* un *menú* con una cantidad de "travesuras" que puede hacer con ese objeto: *abrir* su contenido, eliminarlo, obtener una copia, crear un *acceso directo* a él en su *Escritorio*, etc. Este tipo de *menú* (el que se abre con el botón derecho del Mouse) se llama "*menú* contextual" y lo encontrará en muchas ocasiones y en diversas Aplicaciones. En el caso de las personas zurdas, el Mouse se puede *configurar* de modo que los botones actúen en sentido inverso; de ahí que, a veces, se habla de botón "alternativo" en lugar de botón derecho. Para configurar el Mouse siga la secuencia, haciendo clic en el botón respectivo del *Escritorio*: Inicio → Configuración → Panel de Control → Mouse.

Su "representante" en la Pantalla puede tomar muchas formas, siendo las más comunes una flechita y un cursor doble te (una i mayúscula en tipo imprenta o el número 1 romano), que se mueven según como se mueva el Mouse en la superficie de apoyo.

El Mouse es muy útil para comunicarse con el Computador, si bien el Teclado es una alternativa también práctica y muchas veces necesaria.

Este "ratón" se presenta también en modelos sin cola...Es decir, se conecta al Computador mediante rayos hacia un Lector que está anexado al Computador. Permite trabajar a distancia y sin molestias del cable, pero yo prefiero el modelo cableado porque no se me cae al suelo.

❖ **Impresora.-**

Aunque la impresión no es una tarea estrictamente necesaria en el trabajo con el Computador, hoy en día no se concibe un Computador sin una Impresora. La Impresora se conecta a la Unidad Central, y permite pasar desde el Computador al papel toda clase de textos, dibujos, tablas, etcétera, de modo que ellos puedan consultarse más cómodamente, archivarse físicamente o transportarse a otro sitio.

❖ **Copiador de imágenes.-**
   (Scanner, en inglés).-

El Scanner es un artilugio que también se conecta a la Unidad Central y que permite copiar imágenes de textos, fotografías, dibujos, etc. desde sus impresiones originales, y enviarlas directamente al disco duro, Impresoras u otros destinos. Este elemento no <u>interpreta</u> (por ejemplo, no lee) sino que solamente <u>capta</u> la imagen. Puede compararse con una fotocopiadora, pero con conexión al Computador. No obstante sus bondades, este accesorio es prescindible en una primera etapa como usuario de PCs.

❖ Micrófono y Parlantes.-

Como puede suponerse, éstos son elementos de entrada y salida de información, respectivamente, en nuestra relación con el Computador. Se presentan externamente, o bien incorporados al Monitor o a la Unidad Central.

❖ Disketteras y Lectores de CDs.-

Son ranuras o bandejas instaladas en la caja central del Computador, que le permiten a éste recibir y guardar información, desde o hacia diskettes, discos compactos, etc. También se presentan como equipos externos al Computador y conectados a él. (Las ranuras de *lectura* de CDs ya vienen también con la capacidad para *grabar* CDs diseñados para esta función).

❖ Diskettes, CDs (discos compactos) y elementos similares.-

Los diskettes, así como los CDs (compac discs = discos compactos) y las cintas magnéticas, tampoco son propiamente partes constitutivas de un Computador. Sin embargo, su uso es tan intensivo en combinación con él, que pueden considerarse integrantes de todo sistema computacional. Son elementos portátiles que contienen Archivos o *Programas* grabados magnéticamente.

Tanto por su bajo precio, así como por su fácil manejo, los diskettes han detentado hasta ahora una gran popularidad. Mas, con la divulgación del equipo grabador de CDs, los que hasta hace poco sólo podían

<u>ser leídos</u> por el usuario, es muy probable que éstos adelanten a los diskettes en un futuro próximo. El diskette más común es el de 3 ½", una placa cuadrada de aproximadamente dicha medida por lado y unos 3 mm de espesor, que contiene un pequeño disco en su interior. Su capacidad está estandarizada en 1,44 MB. Puede contener hasta un libro pequeño.

Al introducir un diskette en la *diskettera* (ranura ad hoc del equipo), generalmente el Computador lo reconoce y puede leer su contenido y permite grabar Datos en él. Si esto no sucede automáticamente, póngalo en servicio vía botones "Mi PC" o "Inicio" (Ver Windows más adelante). Por lo general, las ranuras de diskettes tienen las letras A y B.

Cada diskette posee un pequeño cerrojo en el reverso, cuyo desplazamiento impide que sea grabado o intervenido. La utilización de esta herramienta se llama "proteger".

Los diskettes y sus similares sirven también para *respaldar* la información. (Ver Capítulo 5: LENGUAJE COMPUTACIONAL)

4.- Cómo se trabaja
con un computador personal.-

➤ Para quienes ya tienen alguna experiencia en Computación, la respuesta a esta pregunta parece obvia. Sin embargo, un principiante se siente muy desorientado frente a un equipo computacional.

En primer lugar, debe recordar que el Computador es una máquina sin vida propia y sin capacidad de pensar. Recibe nuestras indicaciones y responde a nuestras inquietudes a través de los elementos físicos descritos en el capítulo anterior, y su funcionamiento está basado en complejos y variados componentes intangibles (comúnmente agrupados en el término "Software") que están en su interior.

Comience por disponer un lugar despejado y firme para ubicar su Computador. Elija un mueble que pueda soportar y/o contener espacios para todos los elementos: Unidad Central, Monitor, Teclado, Parlantes, Micrófono, Mouse, Scanner e Impresora, principalmente

Lea las instrucciones que vienen en su Manual de Uso, referentes a la posición de la Pantalla, del Mouse y del Teclado, así como de su asiento, ya que Ud. deberá trabajar sin esfuerzos ni tensiones. No coloque la Pantalla frente al sol. Solicite de su Proveedor que conecte los componentes, o pida ayuda para hacerlo. Generalmente, leyendo las instrucciones podrá hacerlo Ud. mismo.

Como último paso, conéctelo a la fuente de energía eléctrica y enciéndalo. **Compruebe, previamente, que el voltaje al que viene ajustado su equipo corresponde al de su red eléctrica.**

➢ Viene ahora una etapa que se llama *configuración*. Hay que enseñarle al aparato <u>a reconocer lo que tiene conectado y a presentar las cosas como Ud. lo quiera</u>. (¡No se asuste! Nuevamente, su Proveedor, los manuales del fabricante y los amigos le ayudarán en esto. Por lo demás, actualmente los PCs vienen con *Programas* instalados que reconocen automáticamente los equipos que se le conectan.)

➢ Para que el Computador funcione necesita instrucciones. Los grupos coherentes de instrucciones se llaman *Programas* y los principales ya vienen colocados de fábrica. Es común que el Proveedor, como parte de su política de venta, instale *Programas* adicionales. En todo caso, en el marco de la transacción, Ud. deberá preguntarle por ellos o solicitárselos. Los *Programas* para usos específicos se llaman Aplicaciones.

Programas típicos que deberían venir instalados son, por ejemplo: Sistema Operativo **MS-DOS®**, Sistema Operativo **Microsoft-Windows®**, familia de aplicaciones **Microsoft-Office®**, estos tres de Microsoft Corporation, o similares; alguna **Enciclopedia**, algún **Antivirus** y **otras "golosinas"**.

Los *Programas* se imprimen en forma magnética; los más necesarios están en el interior del Computador. Algunos pueden venir en discos compactos (CDs) o en diskettes, como asimismo en Internet, de donde deben traspasarse al Computador. Esta acción se llama "cargar" o "bajar" los *Programas*, los que posteriormente deben "instalarse", conceptos que se explican más adelante. Las instrucciones para estas acciones vienen con esos elementos.

➤ Uno de los principales *Programas* es el llamado "Sistema Operativo". Es un conjunto de instrucciones que dirige la actividad del Computador. Sin Sistema Operativo el Computador no funciona, le falta la cabeza organizadora.- Sistemas Operativos hay muchos, siendo los más conocidos en nuestro ambiente: MS–DOS y Microsoft-Windows, ambos de Microsoft Corporation; Linux®, del finlandés Linus Torvalds; Unix®, de la AT&T; y otros.- Estos *Programas* actúan solos o relacionados entre sí, según el caso, pero esto no debe preocuparnos por el momento.

El Sistema Operativo MS-DOS responde en base a comandos dados a través del Teclado. Hay que saber de memoria muchas combinaciones y significados de teclas, lo que hace difícil y algo tedioso su manejo. Sin embargo, ahí está y cumple una función; hay que respetarlo. Felizmente, "por encima del DOS", por decirlo de alguna manera, disponemos de otro Sistema Operativo, más comprensible y amistoso. Es el Windows. En esta Guía trabajaremos exclusivamente con Windows.

Más adelante viene un capítulo especial para Windows. Mientras estemos aprendiendo a trabajar con el Computador, supondremos que Windows está instalado y que –una vez encendido el equipo– Windows aparece listo para actuar con él.

➤ Ahora, comuníquese con este portento. La Pantalla está iluminada; el Teclado y el Mouse esperan.- Se supone que Ud. sabe qué es lo que va a hacer, pero **eso no es cierto**. Ud. aprenderá, poco a poco, las utilidades del Computador, y nadie puede pedirle que las conozca todas desde un comienzo.

Este primer "pantallazo" presenta un tapiz de fondo y diversos dibujos (íconos) con sus respectivos nombres. Es su *Escritorio* de trabajo. Cada ícono representa una Aplicación o un Archivo. Ud. hará "clic" (o doble clic) con el Mouse en el que desee, y el Computador presentará (*abrirá*) en la Pantalla esa Aplicación o ese Archivo.

Ud. puede cambiar el nombre de cada ícono pulsando sobre él con el botón derecho del Mouse y activando la opción correspondiente del *menú* que se despliega. Pruebe, es útil poder poner el nombre que uno quiera a los íconos, y no pasará nada grave... A lo más, borrará el nombre que tenía. Pero puede escribirlo de nuevo, o recuperarlo pulsando la tecla "Esc".

➤ Una vez abierta la *ventana* de la Aplicación o Archivo que Ud. eligió, ya puede trabajar en esa área. Con el Mouse (y su flechita en Pantalla), de instrucciones haciendo clic; y con el Teclado, escriba. La *ventana* de Windows ofrece todo en forma muy atrayente y comprensible, como se verá más adelante.

➤ Cuando Ud. termine de trabajar, **apague** el Computador **en la manera que se prescribe**, pulsando en el botón Inicio del *Escritorio* y eligiendo "Apagar el Sistema" en el *menú* que se despliega. (No es muy adecuado el nombre de este comando, ya que las opciones que se le ofrecen no son únicamente para *apagar*, sino que también para: *Poner a dormir, Cerrar y Reiniciar, Apagar, Reiniciar como MS-DOS*).

No apague el Computador con el interruptor mientras no reciba en Pantalla el permiso para hacerlo. Algunas versiones de Windows, después de recibir la instrucción de *apagar*, efectúan su labor de orden y limpieza interior, y lo apagan por Ud.; en estos casos, no presentan el aviso intermedio. Revise si también apagó el Monitor, los Parlantes, la Impresora y todos los *periféricos*. Lo ideal es tener estos accesorios enchufados en un distribuidor múltiple (y a prueba de chispas), de modo que, después de apagar correctamente el Computador, simplemente ellos se puedan apagar con el interruptor principal de ese distribuidor si uno ha olvidado apagarlos uno a uno.

Respecto a esto de apagar y encender el Computador, hay opiniones y opiniones. Algunos dicen que puede apagarse cuando uno no lo va a usar por algunas horas. Otros dicen que es mejor dejarlo encendido todo el día. También hay quienes prefieren dejarlo permanentemente "on", día y noche. El gasto no es mucho, variando en el rango de unos 100 a 200 Watts-hora. Lo que sí conviene apagar, si no se usa, es el Monitor.

En fin, mi opinión es que puede encenderse cuando se inicia el trabajo diario y apagarse cuando uno se retira del lugar, hasta el próximo inicio de actividades. No hay peligros mayores con cualquiera de las alternativas.- Ud. decida. Si Ud lo apaga, o hay un corte de corriente (en este caso, ponga el interruptor en "off"), déjelo descansar y enciéndalo después de contar hasta 10. Un corte de corriente fortuito en la noche, con un restablecimiento de la energía a un voltaje momentáneamente muy alto, puede quemar la fuente de poder del Computador, lo que refuerza mi consejo de más arriba. Naturalmente, un protector de voltaje evita esto, pero es una inversión aparte.

5.-Lenguaje computacional.-

La ciencia de la Computación ha debido desarrollar un lenguaje propio para expresar sus ideas; pero muchas veces emplea también palabras del vocabulario normal, <u>a las cuales da un significado particular</u>.

Es oportuno, entonces, conocer una cierta cantidad de estos términos. En el Glosario que sigue se proporciona, además del significado de cada palabra, una más amplia explicación sobre su uso, lo que será de ayuda en el aprendizaje. En todo caso, si Ud. quiere, puede saltarse este capítulo y consultarlo más adelante en el momento que estime conveniente.

Muchos de estos términos provienen del inglés, y hay que aceptar que las traducciones —muchas ya arraigadas en este terreno— no siempre reproducen en forma perfecta su significado de origen.

En este Glosario, las palabras inglesas van entre paréntesis normales. Palabras de otros idiomas o inventadas en Computación van entre paréntesis cuadrados.

A

Abrir   (Open). Presentar algo en Pantalla o poner en marcha un *Programa*. Mostrar, desplegar.

Acceder	Capacidad de llegar a algún lugar, Archivo o *Programa*. Tiene el sentido de un "permiso", pero sin llegar a ser una "contraseña".
Acceso directo	Comando, representado con un ícono, que permite *abrir* directamente algún documento o *Programa* sin tener que buscarlo a través de otros Archivos o índices. Los "accesos directos" se colocan en el *Escritorio* y se distinguen por una pequeña flecha adosada al ícono.
Aceptar	Comando parecido a Enter, pero con un matiz de aprobación a lo que se ha escrito o a lo que el Computador propone. Su pulsación aprueba lo escrito y lo instruye así al Computador. Si no desea eso, sino sólo cerrar la *ventana*, use Cancelar, Cerrar o Salir.
Alinear	<u>Iniciar</u> el texto en el espacio disponible, sea (horizontalmente) desde la izquierda, la derecha o el centro; o bien (verticalmente), desde arriba, el centro o abajo. El texto, manteniendo el interlineado constante, salta a la línea siguiente cuando las palabras no caben completas en dicho sector. También existe la opción "justificar", que permite ajustar la distancia entre las palabras de modo que la frase

comience y termine exactamente en los márgenes definidos.

Ambiente

Entorno o forma con que se trabaja en el Computador. *Ambiente gráfico:* sistema de trabajo donde predominan los gráficos, dibujos, íconos y similares.

Aplicación

Conjunto de *Programas* coherentes y relacionados entre sí, que sirve para efectuar una tarea específica, como por ejemplo: escribir, calcular, diseñar, dibujar, etc. Las Aplicaciones se caracterizan por su especialización, flexibilidad, rapidez, exactitud y comodidad de trabajo. Las Planillas Electrónicas y los Procesadores de Palabras son Aplicaciones.

Archivo

(File). Lugar electrónico donde se guardan escritos, diseños, documentos, *Programas*, etc. El manejo de Archivos es todo un capítulo aparte, ya que es posible cambiarlos de lugar, editarlos, eliminarlos, abrirlos, cerrarlos, y así.

Arrastrar

(Drag). Modalidad de trabajo con el Mouse, que consiste en colocar la flechita en algún ícono u objeto previamente *seleccionado*, apretar el botón principal y, sin soltarlo, mover el Mouse hasta el lugar donde se desea ubicarlo, soltando el botón

	después. Esta maniobra no sólo sirve para <u>cambiar de ubicación</u> los íconos en el *Escritorio* u objetos en alguna *ventana*, sino que también permite <u>guardar</u> Archivos en carpetas y cambiarlos de una carpeta a otra.
Asistente	*Programa* que ayuda a hacer algo. Ejemplos: *Asistente para dibujar, Asistente para cartas, Asistente para gráficos, Asistente de Mantenimiento.*
Autocorrección	Comando que permite corrección automática de ortografía, corrección automática de errores de escritura, reemplazo automático de signos, etc., a medida que se va escribiendo un texto.
Autotexto	Comando que permite escribir toda una frase, palabras, cifras, etc., trayéndolas desde un índice en el que se han grabado, en lugar de escribirlas signo a signo.
Ayuda	(Help). Lugar donde se encuentran explicaciones o instrucciones sobre el tema en que se está trabajando. Hay Ayuda en cada *ventana* que se *abra* y en el *menú* del botón Inicio.

B

Binario	¿Ud. creía que todo era tan fácil? ¡Mmmmmm!

{Lo que viene es sólo para enfadarlo (a), pues no lo necesita en este aprendizaje. ¡Por ningún motivo lo lea!}

Binario, en Matemáticas y en Computación, se dice del sistema de representación de números mediante la ubicación y cantidad de dos dígitos en diferentes estados en un espacio lineal determinado. Los estados son 0 y 1, "encendido" y "apagado", "sí" y "no", y análogos. Dicho más técnicamente, el sistema binario de numeración (o sistema en base 2) define los números sumando la cantidad de unidades que hay en cada casilla, las cuales – colocadas de derecha a izquierda – contienen tantas unidades como sea la potencia de 2 de esa casilla. La numeración de las casillas comienza en 0. Así, la primera casilla es 2^0 ; si esta casilla está activada (tiene un ticket, está encendida, tiene un sí, etc.), quiere decir que rige el valor de 2^0 que es igual a 1. La segunda casilla es 2^1, que es igual a 2; si está activada, rige el valor 2. La tercera casilla es 2^2, que es igual a 4; si está activada, rigen 4 unidades. Y así, sucesivamente. Por tanto, el número binario: 00000111 representa el número 7. Compruébelo, sumando, de derecha a izquierda, las potencias de 2, o sea = (1+2+4).

El sistema binario se usa mucho en Computación, porque es fácil representar los estados en 2 posibilidades: 1 o 0, magnetizado o no, con voltaje o no, etc., aprovechando las propiedades eléctricas y magnéticas de sus circuitos.

El sistema decimal, o en base 10, es parecido, pero en él cada casilla contiene tantas unidades como la potencia de 10 de esa casilla multiplicada por el guarismo que tenga. Por ello, la primera casilla (las unidades) contiene tantas unidades como un 1 ($=10^0$) multiplicado por el guarismo que posea la casilla; la segunda casilla (las decenas) contiene tantas decenas como un 10 ($=10^1$) multiplicado por el guarismo que ella posea. Y así, sucesivamente.

El número 753 se forma, entonces así:

Un 1 ($=10^0$) multiplicado por 3 (o sea, 3 unidades) +

Un 10 ($=10^1$) multiplicado por 5 (o sea, 5 decenas)

+

Un 100 ($=10^2$) multiplicado por 7 (o sea, 7 centenas)

¡Y pensar que éste es el sistema que usamos habitualmente!

(Bit)

Dígito (signo de una señal) del sistema binario de expresión de números. Tiene sólo dos valores: 0

y 1. Se usa en Computación por la facilidad de convertirlo en señales eléctricas o magnéticas, que están o no están.

Borrar

(Supr., Erase). Comando para borrar lo *seleccionado* (ver Seleccionar). Es diferente de Eliminar (Delete). ¡Cuidado!

(Byte)

Es la unidad de información más pequeña, manipulable en Computación. Contiene 8 Bits. Además de representar cifras, palabras, signos, etc., sirve para expresar capacidades de almacenamiento en memorias magnéticas. Por ejemplo, una memoria de 1 Mega Byte (se escribe 1 MB) puede almacenar aproximadamente un millón de Bytes, equivalentes a aproximadamente ocho millones de bits. Digo "aproximadamente", porque en realidad estas unidades son potencias de 2, como por ejemplo: 1 Kilo Byte (1KB) es igual a 2^{10} = 1.024 Bytes; 1 Mega Byte (1 MB) es igual a 1 $(KB)^2$ = 1.024^2 = 1.048.576 Bytes.

(Boot)

Es una palabra inglesa, que se encuentra a menudo en Computación. Significa *instalar*, *poner*. Esta acepción seguramente se ha derivado de su real significado: *bota, calzar*. Ej: *Reboot the Operative System* =

Reiniciar el Computador, poniendo de nuevo en servicio el Sistema Operativo desde el disco duro.

(Browse)

Se usa en Internet, tanto en la forma verbal "browse" (escarmenar) como en la substantiva "browser" (escarmenador). Su significado, en castellano, es algo así como "escarmenar", "escarbar", "rastrear", "explorar", pero en el fondo es un *Programa* que permite *navegar* por la Red. Microsoft Internet® Explorer® es un ejemplo de "browser" en Internet. Este término también se usa en la operación de "hurguetear" en un menú o carpeta.
No confundir con "Buscar".

Buscar

(Search). Acción que permite encontrar alguna palabra, sitio, página, nombre, número, *Programa*, Archivo, etc., en los lugares donde estén almacenados, simplemente escribiendo su nombre y pulsando el comando correspondiente. Tiene uso tanto en el trabajo con el Computador como en Internet.

C

Cambio

Toda modificación que se hace a un documento.- Cuando se hacen <u>cambios</u> en un documento y se pulsa en la casilla X (para *cerrar* la *ventana*) sin haber dado antes la orden de *Guardar*, el sistema pregunta: ¿desea *Guardar* los cambios? Es una buena pregunta, porque si no pulsa afirmativamente este comando el documento se archivará con el mismo texto que tenía cuando se abrió, y <u>perderá todo lo nuevo que se le haya incorporado.</u>

Carácter	Letra o signo.
Carpeta	Archivador más especializado, que sirve para guardar Archivos o documentos que se consideren afines.
Cerrar	(Exit, Close). Comando para quitar lo que está en Pantalla. Salir de lo que se está haciendo. No confundir con "borrar".
Comando	Etiqueta, botón, casillero, etc. ubicado en la Pantalla, cuya pulsación con la flechita del Mouse pone en marcha alguna acción en el Computador. Es una orden. También hay comandos en teclas del Teclado.
Comprimir	Operación que, de *alguna extraña manera* (ciertamente conocida, pero no nos metamos en pantanos...), comprime la información, aprovechando mejor el espacio o acelerando su traspaso.

El *Programa* compresor va aparejado con un *Programa* descompresor. El manejo interno de estos *Programas* se recomienda sólo para usuarios más expertos.

Es conveniente tener instalados *Programas* de este tipo, porque mucha información se presenta comprimida y debe descomprimirse para que sea legible. Algunos *Programas* que han sido instalados con este propósito, descomprimen por sí solos los Archivos comprimidos.

Configurar

Dar una cierta estructura o forma a algunas partes del sistema, las que están diseñadas para poder actuar o presentarse de diferentes maneras. Ej: *Configurar la fecha, configurar el reloj, configurar una página, configurar una memoria, configurar el Mouse.* No confundir con *Formatear*, que se refiere más bien al aspecto de las presentaciones.

Cursor

Pequeña raya vertical, intermitente, que aparece en los documentos y que indica dónde va a inscribirse el próximo texto o dónde empieza el párrafo o la frase que van a recibir alguna orden de ubicación. También se llama "punto de inserción". Merece atención.

Contraseña   (Password). Conjunto de letras o números, o de ambos, que sirve para dar privacidad a un documento. Se coloca o se quita pulsando las casillas Opciones o Herramientas en la ventana que se abre con *"Guardar como..."* (archivar como...). El documento que entonces se archiva es una copia del original, esta vez con contraseña, por lo que convendrá eliminar el original si se desea completa privacidad.

D

De(s)fragmentar   Unir elementos almacenados en discos o cintas, que se han ido separando (fragmentando) con el tiempo. Es una herramienta de manejo del sistema, que viene incorporada en el software del equipo (*menú* Accesorios del botón Inicio). Su efecto es "ordenar el almacén" y acelerar el funcionamiento del Computador. No confundir con las operaciones *Comprimir* y *Ampliar Espacio* que de alguna manera inventan más espacio, pero que son para usuarios más avanzados.

Disco duro   (Hard Disc). Parte del equipo que puede guardar mucha información en forma magnética (miles de millones de Bytes), por lo que se usa para contener *Programas* y archivos en forma permanente. Se da al interior del PC o en unidades externas.

(Drive)   Palabra inglesa que significa *conducir*. En la jerga computacional representa un *Programa* que permite al *Sistema Operativo* comunicarse con alguna parte especial del Computador: diskettes, Mouse, CDs, etc.

E

Editar   (Edit). Hacer cambios en un documento: borrar, copiar, cortar, pegar, buscar, reemplazar partes, etc. La acepción de esta palabra en Computación, como puede observarse, no es exactamente la misma que en el lenguaje corriente, donde más bien significa Publicar o preparar una Publicación.

Eliminar   (Delete). Hacer **desaparecer** parte o todo el contenido de un documento, un *Programa*, etc. Es una acción distinta, y más drástica, que *Borrar*. Para **eliminar** algo hay que *"seleccionarlo"* y pulsar el comando *Eliminar*. El Computador le pregunta *si está seguro de lo que va a hacer*... Si marca SI, se esfuma todo lo *seleccionado*... (Afortunadamente, en Windows el elemento eliminado va a una Papelera, desde donde todavía se puede recuperar.)

Enlace

(Link). Ícono, dibujo, etc., que permite conectarse <u>directamente</u> con otro lugar. Los enlaces se reconocen porque al colocar el cursor sobre ellos aparece una *manito*, y actúan al hacer clic en ese momento. Cuando el enlace <u>lo lleva a uno a otro lugar</u>, se llama *Hypervínculo* (*Hyperlink*). Cuando el enlace <u>presenta lo que sucede en otro lugar</u>, se llama *Vínculo* (*Link*).

Enter

Tecla (o botón en Pantalla) que da paso a la siguiente etapa de un procedimiento. También se llama *Intro*.

F

Formatear

Definir las características o la forma de un elemento para que puede presentarse como uno lo desee o, simplemente, para que pueda funcionar. Formatear un texto es trabajar con la presentación del texto. Formatear un disco o diskette es prepararlo para que pueda almacenar datos.

Fuentes

(Fonts). Caracteres de un <u>mismo tipo y tamaño</u> constituyen una *Fuente*.
La definición de una determinada *Fuente* comprende, entonces, la

elección del *tipo* y del *tamaño*, así como el empleo de algún maquillaje (aspecto) para ella.

Algunos *tipos* son: Gótico, Imprenta, Formas Especiales como 'Verdana', 'Georgia', 'Comic Sans MS 'MS Sans Serif' 'Tahoma', 'Wingdings' 'Webdings' and 'Trebuchet MS'. Las recién mencionadas son marcas registradas de Microsoft Corporation.

El *tamaño* se expresa en *puntos* (en una pulgada hay 72 puntos).

El número "35", que aquí está en tamaño 14, en tamaño 10 se verá así: "35".- Y en tamaño 16 lucirá así: "35".-

Para conocer lo que es el maquillaje, veamos por ejemplo algunas maneras como se puede presentar la palabra "libro" en la fuente tipo Verdana: **libro** (negrita), *libro* (cursiva), <u>libro</u> (subrayado), ~~libro~~ (tachado), libro (color verde en negrita), etc.

Si está en Pantalla, escriba una palabra cualquiera, *selecciónela* y siga la secuencia: *menú* Formato → Fuente... → Efectos de texto. Pruebe con las opciones que desee y se va a divertir un poco.

G

[Giga]   Prefijo de origen griego, que significa "mil millones". 1,2 GB es aproximadamente un mil doscientos millones de Bytes.

(Go)   Igual que *Enter, Intro, OK.* Seguir adelante. No confundir con "*Ir a...*", que es un comando para trasladarse a algún otro sitio, y que se encuentra en el *menú* Edición de Word.

Guardar   (Save). Archivar documentos (con textos, cálculos, dibujos, etc.). Al aplicar este comando, y el documento ya tiene un nombre, se archivará con ese nombre, reemplazando el contenido del archivo de ese mismo nombre que ya está guardado. Si aún no tiene nombre, por ejemplo si es un documento que recién se está confeccionando, se mostrará la *ventana "Guardar como..."*, la que permitirá ponerle un nombre, elegir su lugar de almacenamiento, etc.
Si Ud. no cambia nada y da la orden de "*Guardar*", en esta *ventana*, el documento se archivará usando como nombre la primera frase del texto (en el caso del Procesador de Palabras Microsoft®Word®), o el número del Libro (en el caso de la Planilla Electrónica Microsoft®Excel ®), que se tienen abiertos, nombres que los *Programas* colocan "por

defecto". (Nota.- La expresión "por defecto" es muy usual, y designa una acción que se realiza a falta de otra particularmente especificada en ese momento. Por ejemplo, si en una casilla hay que colocar un número, y uno no coloca nada y sigue adelante, el programa podría colocar "por defecto" el número 100, si así estuviera diseñado)

Como queda dicho, Ud. puede reemplazar el nombre que el Computador coloca "por defecto" por el que Ud. desee, escribiéndolo encima del que se le muestra antes de pulsar "*Guardar*".

Conviene tener el botón *Guardar* (ícono en forma de diskette) en la Barra Standard, para un archivado más cómodo. Para ello: *menú* Herramientas → Personalizar → Categoría Archivo → comando *Guardar* → (*Arrastrar* el ícono a la barra Standard).

Guardar como... (Save as...). Este comando permite generar una <u>copia</u> del archivo existente (que está a la vista en Pantalla), y guardarla <u>en otra carpeta</u> y <u>con otro nombre</u>. Su *ventana* también presenta otras opciones, como por ejemplo: <u>poner</u> (y <u>quitar</u>) <u>contraseña</u> al nuevo archivo. Cuando se pone o quita una contraseña a esta copia, el archivo <u>original</u> no se afecta con ella.

H

(Host)

En castellano, la palabra significa anfitrión, posadero, hospedero. En computación se utiliza para designar un Computador Central, que en Internet puede ser, por ejemplo, un *Servidor* de comunicaciones.

I

Icono

Etiqueta gráfica de un *Programa*, Archivo, Herramienta, etc., que contiene un comando de algún tipo con respecto al elemento que representa, y que se activa haciendo clic en él. Los íconos caricaturizan, o imitan con su diseño, el concepto involucrado; por ejemplo, el ícono que accede a la función de imprimir es el dibujo de una Impresora.

Si está contemplada la opción en el elemento, Ud. puede cambiar su ícono pulsando en él con el botón derecho y yendo a Propiedades.

[Intro]

Igual que *Enter*.

Interfaz

Lo que permite la comunicación entre dos entes. Por ejemplo, puede decirse que el Teclado es una interfaz entre Ud. y el Computador. En Computación, así como en otras ciencias, esta palabra tiene un sentido más extenso que el de este simple ejemplo, entendiéndose más bien como un espacio de comunicación entre dos sistemas. MS Windows es una interfaz gráfica entre el usuario y el Computador.

Ir a...

Comando que permite transportarse en la Pantalla de un lugar a otro, dentro de un documento. Está en el *menú* Edición.

J

Justificar

Alinear o encuadrar el texto en una línea o en una celda, de modo que se reparta uniformemente en ese espacio.

K

[Kilo]

Prefijo de origen griego, que significa "mil". Sin embargo, en Computación 1 Kilo Byte (KB) no tiene mil Bytes, sino 1.024 Bytes, que es 2 elevado a la potencia 10. ¡Cosas del sistema binario!

L

Libro

Conjunto de *Hojas* de una Planilla Electrónica.

Libreta

...de Direcciones. Agenda electrónica, para guardar direcciones, teléfonos, etc. En Aplicaciones, discos, Internet, etc. se le ofrecen muchas; pero no use más de una, para no confundirse.

M

[Macro]

Útil herramienta que permite grabar *instrucciones secuenciales* en el Computador, sin necesidad de saber *Programación*. (Ver más detalles en el último Capítulo)

[Mega]

Prefijo de origen griego, que significa "millón". No obstante, en Computación 1 Mega Byte (MB) no tiene un millón de Bytes, sino 1.048.576, que es 1 KiloByte elevado al cuadrado ($1.024^2 = 1.048.576$). Nuevamente, ¡cosas del sistema binario!

Menú

Lista de posibilidades de una Aplicación, clasificadas según su afinidad. Por ejemplo, el *menú Archivo* contiene comandos para *abrir* un Archivo, imprimirlo, formatearlo, guardarlo, eliminarlo, etc.

(Mouse)

Se usa más esta palabra en inglés. Ratón. Artefacto con forma y tamaño de un ratón pequeño, que permite interactuar con el Computador.

O

OK	Igual que *Enter* o *Intro*, pero con carácter de "aceptar". Algunos *Programas* en inglés usan la palabra "done" como equivalente a OK. (No confundir con KO = Knockout... en el boxeo).
Opciones	Alternativas que existen en un área de trabajo, en un cuadro de diálogo o en un *menú*, a fin de especificar mejor su manejo o un cierto camino a seguir. Por ejemplo, para poner o no contraseñas, para archivar el documento automáticamente cada cierto tiempo, para realizar correcciones ortográficas mientras se escribe, etc., etc. Aparecen como botones o casillas.

P

Personalizar	Diseñar a gusto una *ventana* (o cualquier otro elemento que lo permita): quitar o agregar comandos, variar colores, numerar páginas, fechar, etc. En el fondo, modificar al gusto de uno lo que viene estandarizado.
Preestablecido	Se dice de algún formato, diseño, etc. que se presenta siempre igual cuando se abre un documento que lo tiene así definido. Si ellos no

están "preestablecidos", hay que estructurarlos cada vez que se abre ese documento. Por ejemplo, es muy incómodo tener que fijar los márgenes en cada oportunidad que se va a escribir una carta en Word, y convendrá tenerlos "preestablecidos".

Preparar página   Indicar al Computador qué tamaño de hoja se va a usar, si debe escribir vertical u horizontalmente en ella, cuáles serán los márgenes, etc. También se llama *Configurar Página*. (Este comando se ubica en el *menú* Archivo).

Propiedades   Casillero que existe en algunos *menús*, donde se proporciona información sobre el Archivo que está abierto. Por ejemplo: fecha en que se hizo, cantidad de memoria que ocupa, tipo de Archivo, etc. Este casillero, a veces, permite también hacer cambios.

Papelera   ...de Reciclaje (Recycle bin).- Lugar electrónico del *Escritorio* de Windows donde se almacenan transitoriamente los Archivos eliminados. Pueden *rescatarse* de allí, así como pueden eliminarse definitivamente, haciendo uso de los comandos respectivos que aparecen al *abrirla*.

Portapapeles	(*Clipboard*). Lugar virtual donde se almacena un objeto que se haya *copiado* o *cortado* de algún sitio. El contenido del portapapeles permanece en él y se puede *pegar* tantas veces como se quiera en otros documentos o sitios. Desaparece y es reemplazado cuando se hace otra *copia* o *corte*.
Programar	Confeccionar una serie de instrucciones para que el Computador realice alguna tarea. Entre otros conocimientos de importancia, la *Programa*ción precisa de "lenguajes" que entienda el Computador.- Ud. puede *Programar* algunas tareas sin saber *Programa*ción, usando las "funciones" o las "macros".
Puntero	Es su dedo índice en la Pantalla, comandado desde el Mouse. Moviendo el Mouse, Ud. *desplaza* el Puntero. Haciendo clic con un botón del Mouse, Ud. *hace actuar* el Puntero. El Puntero toma diferentes formas según sea la función que va a desempeñar. Generalmente es una flecha, pero también puede ser una manito, un reloj de arena, una doble flecha delgada, un corte de viga doble T, la figura de un lápiz, un signo "más", etc. Vea la variedad de Punteros y su significado en: Inicio → Configuración → Panel de Control → Mouse.

R

Rango

Area *seleccionada* de un conjunto de celdas en una Planilla Electrónica. El *rango de celdas* se especifica con el signo de los "dos puntos". Así, el rango de celdas que va desde la celda A1 hasta la celda A15 se escribe (A1: A15).

Reemplazar

Útil comando, que permite substituir palabras o textos de un documento por otros. Por ejemplo, si Ud. ha escrito en un documento numerosas veces la palabra "terminar" y desea poner en su lugar la palabra "finalizar", no necesita corregirlas una por una. Este comando permite hacer todos los reemplazos automáticamente. (Ubíquelo en el *menú* Edición de Word).

Respaldar

Copiar Archivos o parte de información a un medio externo al Computador, como una cinta, un diskette, un disco compacto, etc. Es un resguardo contra eventuales pérdidas de información en el Computador. Operación muy recomendable.

S

Seleccionar

(Highlight). Resaltar un sector cuyo contenido se desea alterar o sobre el cual el Computador deberá efectuar alguna acción. Esta operación se puede llevar a cabo con el Mouse, ubicando el cursor al principio o al final del sector donde se va a actuar, haciendo clic y *arrastrando* el Mouse para oscurecer el área deseada.

También hay métodos particulares y más cómodos, como hacer 2 clics sobre una palabra para seleccionarla entera o hacer 3 clics al costado de un párrafo para seleccionarlo completo. *Seleccionar* se entiende, asimismo, como la acción de elegir opciones, mediante un clic, en los *menú*s y en cuadros de diálogo.

La palabra inglesa, en la acepción principal descrita anteriormente, suena divertida, porque *highlight* significa *iluminar* (en el sentido de *resaltar, dar énfasis*); y lo que menos se hace con esta acción es *iluminar* un sector, sino que *oscurecerlo*...aunque ciertamente lo destaca.

Señalizar

Apuntar a un elemento con el puntero del Mouse. No implica necesariamente un *arrastre* del Mouse. No confundir con *Seleccionar*.

T

Tabular

Tal como en la máquina de escribir: colocar marcas a fin de avanzar por espacios más largos que los que da una pulsación en el espaciador. Se tabula haciendo clic en la Regla superior con la flecha del Mouse. Se sacan las tabulaciones, haciendo clic en ellas y *arrastrándolas* fuera de la Regla.

U

(Undo)

Deshacer una acción. Volver al estado previo del documento.

(Unzip™)

Programa que permite descomprimir Archivos y que se instala para ser utilizado en forma "automática". (Ver también Zip™).

Utilitario

Programa o Aplicación que sirve para realizar tareas específicas. Por ejemplo: Contabilidad, Ventas, Grabaciones, etc.

V

Ver

(View). *Menú* que permite escoger vistas o modos de ver la *ventana*, seleccionar barras que desea tener a mano en la *ventana*, graduar el Zoom, acceder a los *Encabezados* y *Pies* de página, etc.

Virtual

Que presenta algo como si fuera real, pero sin serlo. Por ejemplo, en Internet Ud. podría ver estanterías de un supermercado, elegir y comprar los artículos que allí ve, pero no serían las estanterías físicas reales que están en el supermercado. La *Papelera de Reciclaje* es un recipiente virtual.

Vínculo (Link). Ver Enlace.

Vista preliminar (Preview). Vista general del documento que está abierto, en un tamaño reducido. El objetivo es mostrar su aspecto, alineación, márgenes, etc., para apreciar cómo va a salir impreso. No da detalles exactos del contenido. (El comando está en el *menú* Archivo, pero es conveniente tenerlo más a mano en la barra Standard).

Z

Zoom Facilidad para acercar o alejar una imagen, texto, etc.

Zip Formato que sirve para comprimir Archivos, y que se instala para ser utilizado "automáticamente", al igual que el Unzip. Según el fabricante, los programas ...zip y ...unzip pueden estar patentados.

6.-Sistema operativo Windows.-

• Microsoft Windows es un Sistema Operativo, de la firma Microsoft Corporation, que facilita la comunicación y el trabajo con el Computador. Es gráfico, ilustrativo, rápido, ameno, fácil de usar.

En lugar de escribir órdenes en un Teclado, en Windows Ud. señala con un puntero en la Pantalla lo que se necesita *abrir* o poner en marcha. Para ello, Windows presenta un sinnúmero de opciones en forma de íconos, botones, etiquetas, cuadros, etc. donde se puede colocar el puntero y dar la orden para que su contenido se active.

Esto no quiere decir que el Teclado está de más. Para escribir hay que usar el Teclado. Asimismo, algunas órdenes pueden darse más rápidamente apretando una o varias teclas, en vez de manejar el puntero. El Teclado tiene también funciones importantes, que se activan pulsando teclas o combinaciones de teclas.

• Windows generalmente viene instalado cuando uno adquiere un Computador nuevo. Conviene asegurarse que así sea, porque de otro modo tendrá que adquirir el *Programa* de Windows e instalarlo.

A medida que se ha ido perfeccionando, Windows se ofrece en diferentes versiones. Aquí nos referiremos a la versión Windows 98, que es tal vez la más usada en la actualidad, aunque también están disponible versiones más recientes, como Windows 2000 y otras. Existen también otras modalidades de Windows, como Windows®NT®, que se especializa en el trabajo con redes; y Windows®XP®, para el hogar y negocios.

En esta breve descripción de Windows he estimado conveniente centrar la materia en los siguientes 2 elementos: **Escritorio** y **Ventanas**. Ciertamente, hay muchas maneras de explicar Windows, pero si Ud. comprende bien estos 2 conceptos, ya estará incorporado al tema.

A.- **ESCRITORIO**.-

En Windows, cada "Pantallazo" o, digamos, "presentación en Pantalla", simula ser una *ventana*, a través de la cual se accede a todas las actividades de manejo de Datos que Ud. va a emprender.

El *Escritorio* (Desktop) es la primera *ventana* que aparece cuando Ud. enciende su Computador en ambiente Windows.

Este *Escritorio* virtual es similar a su *Escritorio* real de trabajo, aunque más completo y versátil. Aquí Ud. encontrará facilidades para escribir, calcular, dibujar, archivar, buscar Archivos, etc.; incluso tiene una *Papelera* donde arrojar documentos inservibles.

La Figura 1 muestra un ejemplo de *Escritorio* computacional.

(Nota.- En general, las Figuras de esta Guía – así como las de la muchos textos de este tamaño – cumplen sólo con la misión de orientar sobre el contenido. Si quiere examinarlas en detalle, probablemente necesitará una lupa... Es mejor ver el detalle en su propia Pantalla del Computador.)

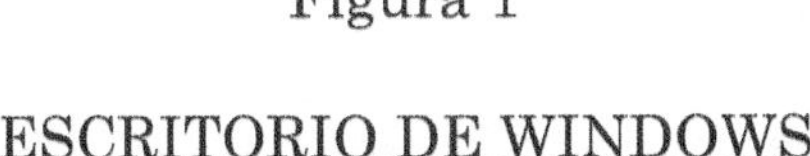

Figura 1

ESCRITORIO DE WINDOWS

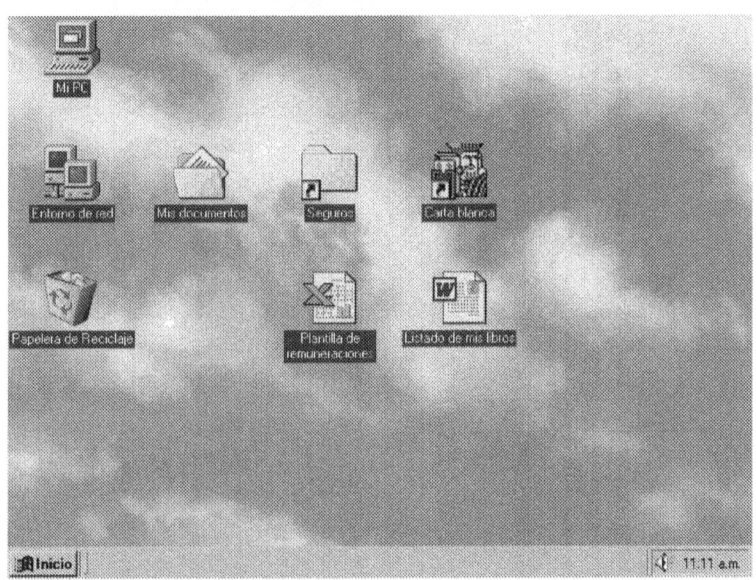

<u>Elementos del *Escritorio*</u>.-

En esta *ventana*, que representa su *Escritorio*, pueden distinguirse los siguientes componentes:

■ Tapiz de fondo.

La Figura 1 presenta un tapiz de fondo consistente en un cielo azul con nubes blancas.- Ud. podrá seleccionar el tapiz que desee, de una gran variedad de diseños disponibles. Siga la siguiente secuencia: Inicio → Configuración → Panel de Control → Pantalla → Fondo → Papel tapiz.......

- Íconos.

Son pequeños dibujos, con o sin títulos, que juegan el papel de un comando para acceder a *Programas* o Archivos.

La *ventana* básica (*Escritorio*) de Windows tiene algunos íconos pre-establecidos, como los que se muestran en la Figura 1 (Mi PC, Entorno de Red y Papelera de Reciclaje). A medida que vaya ampliando sus conocimientos, Ud. podrá colocar y sacar otros íconos en el *Escritorio* según sus necesidades. Por ejemplo, en esta muestra he colocado los siguientes **íconos**: <u>Carpeta **Mis Documentos**</u> (representa una Carpeta donde puedo tener una gran cantidad de documentos de uso habitual), <u>Acceso directo a **Carpeta Seguros**</u> (accede a una carpeta con mis Seguros de Incendio, Seguros de Vida, etc.), <u>Acceso directo al **juego Carta Blanca**</u> (de Microsoft Corporation), <u>Archivo de un trabajo en Excel</u> (planilla electrónica de Microsoft Corporation), llamado en este caso **Planilla de Remuneraciones** y <u>Archivo de un trabajo en Word</u> (un procesador de palabras de Microsoft Corporation), conteniendo en este caso un **Listado de mis Libros**.

Los íconos con una flechita son "accesos directos", o sea, donde un clic lleva al archivo o programa mismo, los que están almacenados en otro sector; mientras que los íconos sin flechita son representativos del archivo o programa tal cuales, almacenados ahí mismo en el *Escritorio*. El *Escritorio* es de por sí también una Carpeta.

En el *Escritorio* los íconos pueden tener títulos a la vista. En cambio, en otros sitios (como por ejemplo, en las barras), generalmente será necesario apuntar a los íconos y mantener el puntero allí por unos segundos para que aparezca un título ilustrativo sobre su función.

Como queda dicho, los íconos – pulsando sobre ellos - permiten ingresar a los *Programas*, archivos o comandos que representan, y que están allí **tal cuales**. Pero también pueden desempeñar la función de un **acceso directo** a ellos. En esta última forma **no contienen** dichos elementos, sino que **sólo los acceden** directamente; y tienen una flechita curvada que los identifica como "accesos directos".

Es posible eliminar sin riesgo del *Escritorio* los íconos de accesos directos (se elimina sólo el ícono). En cambio, la eliminación de íconos que representan *Programas*, Archivos o comandos "tal cuales", es decir, <u>guardados en la carpeta *Escritorio*</u>, puede significar la pérdida de esos elementos.

Como queda dicho, Ud. puede colocar (y eliminar) en el *Escritorio* tantos íconos como desee, salvo eliminar los del sistema (*Mi PC, Papelera de Reciclaje, Bandeja de Entrada*, y otros según el caso).

Si desea colocar íconos en el *Escritorio*, representativos de algún trabajo que haya hecho, Ud. puede usar el comando *"Guardar como..."*, que aparece en cada *ventana* de trabajo (*menú* Archivo), y *seleccionar* como destino *"Escritorio"* en la casilla *"Guardar en"*. También es posible colocar íconos en el *Escritorio* abriendo el *Programa Explorador de Windows* (Inicio → *Programas* → Explorador de Windows) y *arrastrándolos* desde su ubicación allí hacia el ícono del *Escritorio*, ubicado asimismo en el Explorador de Windows.

Para eliminarlos, basta con *arrastrarlos* – en la misma *ventana* del *Escritorio* o en el Explorador de Windows - hacia el ícono de la *Papelera de Reciclaje*.

Cuando ya se trata de poner en acción (*abrir*) lo que está detrás del ícono, haga 2 clics en él con el botón izquierdo del Mouse. Si hace 1 clic con el botón derecho, se despliega un *"menú contextual"* que muestra otras acciones posibles de realizar, <u>entre ellas también la de</u>

<u>a*brir* el *Programa* o Archivo de que se trata</u>, con otro clic en el comando respectivo. Para *abrir* lo que hay detrás de un ícono yo prefiero esta última alternativa, porque con 2 clics en el botón izquierdo hay que tener definido el **ritmo de pulsación** según la velocidad de cada persona, a fin de que el Computador reconozca que <u>son dos clics, y no un clic repetido 2 veces</u>. (Ese ritmo se ajusta operando con la siguiente secuencia: Inicio → Configuración → Panel de Control → Mouse → Botones → Opciones → Hacer clic). En cambio, con 1 clic en el botón derecho aparece asimismo la posibilidad de *abrir,* que se activa con un clic en esa palabra. (Total, siempre serán 2 clics...y la segunda alternativa le ayuda a hacer ejercicio con dos dedos de la mano, en vez de extenuar uno solo...).

Vale la pena hacer una breve descripción de la *Papelera de Reciclaje,* cuyo ícono figura como ícono standard en el *Escritorio.* Esta Aplicación, *Programa* o área de trabajo, como quiera llamársela, es el lugar donde van todos los Archivos y *Programas* que se ha decidido eliminar. La estadía de estos elementos en la *Papelera* es transitoria. Si desea recuperarlos, *ábrala,* seleccione el elemento y haga clic en *restaurar.* El elemento volverá a su lugar de origen. Si desea eliminarlo para siempre, repita lo anterior y haga clic en *eliminar.* Si hace clic en **vaciar la Papelera, se borrarán definitivamente todos los elementos que contenga.**

- La Barra de Tareas.-

El *Escritorio* tiene un espacio llamado Barra de Tareas (Taskbar, en inglés). En la Fig. 1 dicha barra puede verse en la parte inferior de la *ventana.* Ud. puede moverla a cualquier costado de la Pantalla haciendo clic en ella y *arrastrándola* hacia ese lugar.

La Barra de Tareas presenta el botón Inicio (Start, en inglés), donde se da comienzo a la sesión de trabajo, y **donde Ud. debe apagar el Computador correctamente.** En la Barra de Tareas aparecen, asimismo, íconos de archivos que están abiertos o que han sido minimizados. Finalmente, la Barra de Tareas podrá contener algunos botones de *acceso directo* a ciertas funciones, como por ejemplo: reloj, ajuste de volumen, agendas, Impresora, colocados por Ud. o por las Aplicaciones mismas. Haciendo 1 o 2 clics (según la Aplicación y lo que se dese hacer) en esas casillas, Ud. puede *abrirlas* y actuar en ellas.

Al hacer clic en el botón Inicio se despliega un *menú* con diversos títulos: Programas, Favoritos, Documentos, Configuración, Buscar, Ayuda, Ejecutar, Apagar el Sistema, representando cada uno la puerta de entrada a distintos campos de actividades. Los que muestran una pequeña flecha negra a la derecha despliegan nuevos *menús* con sólo colocar el puntero en ellos, sin necesidad de hacer otro clic. Por ejemplo:

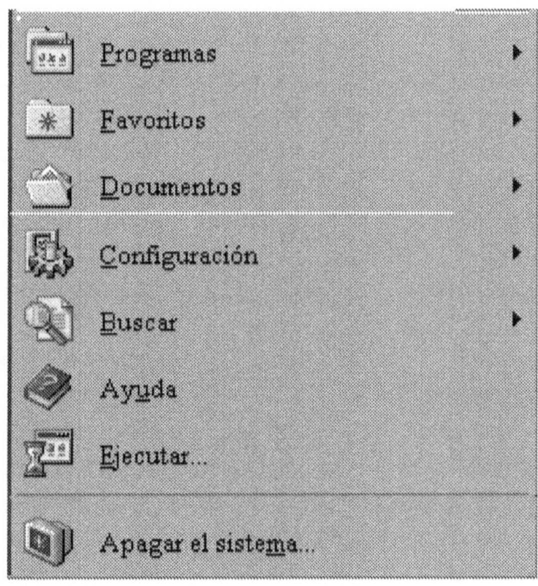

Estos títulos dan acceso a numerosos *Programas*, que sus nombres prácticamente los describen. Cabe destacar el comando Configuración, que permite llegar a importantes áreas de definiciones en el manejo del Computador, y el comando Apagar el Sistema. No son menos valiosos los comandos Buscar y Ayuda. Pruébelos Ud. mismo.

Apagar el Sistema (nombre poco adecuado, por lo demás) tiene mucho uso y permite acceder a opciones para *poner a dormir el sistema, cerrarlo y reiniciarlo, cerrarlo y reiniciarlo en modo MS-DOS, cerrarlo y apagar en forma adecuada el equipo*. Esto último quiere decir que el procedimiento guardará previamente todos los Archivos abiertos y "ordenará la habitación" antes de cerrar el sistema y apagar el equipo, evitando así que se pierdan Datos no guardados y/o que se dañe el disco duro.

Aspecto del *Escritorio*.-

Ud. puede diseñar su *Escritorio* en la forma que más le agrade, disponiendo el tapiz de fondo, colores, tamaños de íconos, y así.

Desde el botón Inicio vaya a Configuración y luego a Panel de Control. Ubique y haga clic en Pantalla. En la *ventana* que se abre, Ud. puede seleccionar opciones para el Fondo (tapices o tramas; son excluyentes), diferentes Protectores de Pantalla, combinación de colores para las *ventanas*, tamaño del *Escritorio* y otras.

Una opción entretenida es la de los Protectores de Pantalla. En un comienzo, éstos eran necesarios para mantener la Pantalla activa y protegerla de "quemazones" que producían en ellas algunos *Programas* de mayor uso, cuando se cerraban o si se quedaban quietos mucho tiempo.

Hoy en día, eso no sucede, y los "Protectores de Pantalla" constituyen más bien una diversión. Son dibujos móviles que abordan la Pantalla después de un cierto tiempo de inactividad. Estudie el cuadro de Configuraciones de Pantalla y verá que puede definir el tiempo de espera para se muestren estos "monos", el tipo de imagen, sus colores, su velocidad, etc., incluso puede colocar un texto móvil, como por ejemplo: ¡NO MOLESTAR! ¡ARTISTA TRABAJANDO!...

B.-<u>VENTANAS</u>.-

La palabra inglesa "windows", como Ud. sabe, significa "*ventanas*".

¡Excelente!

Los diversos trabajos en la Pantalla de su Monitor se llevan a cabo en cuadros o marcos llamados *ventana*s. En estas *ventana*s Ud. opera y se relaciona con el Computador. <u>Cada *ventana* posee dos secciones</u>: el *sector de barras* y el *área de trabajo*.

Según sea la Aplicación en que esté trabajando, las barras y el área de trabajo tendrán diferentes elementos. Ud. puede cambiar el contenido de las barras (*menú* Herramientas → Personalizar...). También puede agregar y eliminar barras (*menú* Ver → Barras de Herramientas...), haciendo clic en las casillas respectivas.

De arriba hacia abajo, en una *ventana*, encontramos primero el *sector de barras*, que contiene las siguientes *barras*:

o   Barra de Título.-

Como su nombre lo indica, en este espacio aparece el título del documento y el de la Aplicación en uso. Por ejemplo: "Carta a Juan – Microsoft Word", podría ser una carta que Ud. hizo a Juan, usando el Procesador de Palabras Word, y a cuyo Archivo le puso el título "Carta a Juan".

Esta barra tiene, además, al lado derecho, 3 pequeños botones cuadrados:

El <u>primero</u>, con el signo "menos", sirve para *minimizar* la *ventana*. Su pulsación reduce la *ventana* a un ícono en la Barra de Tareas. Haciendo clic en este ícono se recupera la *ventana*. En el intertanto, Ud. puede jugar un Solitario o trabajar en otras Aplicaciones, porque su *ventana* original siempre estará disponible en la Barra de Tareas. Por ejemplo, si Ud. está *"bajando"* un *Programa* de Internet, que va a demorar mucho tiempo y su *ventana* tiene el botón *minimizar*, Ud. puede enviarlo a la Barra de Tareas y seguir escribiendo la carta que estaba haciendo; el *Programa* se seguirá bajando.

El <u>segundo botón</u>, con "un pequeño cuadrado en su interior", permite *maximizar* la *ventana*, haciéndola ocupar toda la Pantalla. Puesto que, en un comienzo, todas las Aplicaciones presentan su *ventana maximizada*, la pulsación de este botón parece que no produjera efecto alguno. Sin embargo, si Ud. ha reducido el tamaño de una ventana (moviendo sus bordes con el cursor en ellos y doble flecha negra) o ha abierto otras encima, y tiene un molesto mosaico de ventanas a la vista, puede hacer que aquella ventana u otra (la que esté *activa*) ocupe toda la pantalla y tape a las demás, simplemente pulsando este botón de *maximizar*. Al accionar este botón, junto con *maximizarse* la *ventana*, dicho botón se cambiará por otro que contiene 2 cuadrados superpuestos y que se llama *restaurar*. Pulsando este último, se vuelve a la *ventana* anterior.

El <u>tercer botón</u>, con una "X", permite *cerrar* el documento en uso. Estas "Xs" se ven a menudo en las Aplicaciones y siempre sirven para quitar lo que está en la Pantalla. No eliminan ni borran nada, sólo despejan la Pantalla. Si no se han *guardado* (archivado) las últimas modificaciones (llamadas "cambios" en el lenguaje computacional), al apretar este botón "X" aparecerá un mensaje de advertencia: "¿Desea guardar los cambios?". Si contesta NO, el documento se archiva tal como se abrió, sin tomar en cuenta las modificaciones que Ud. introdujo. Si pulsa SI, el documento se archiva con el mismo nombre y en el mismo lugar donde estaba, pero con las modificaciones que le haya hecho.

Es posible <u>aumentar o disminuir el tamaño</u> de las *ventanas arrastrando* <u>sus bordes</u>, cuando se señalizan con el puntero y aparece una doble flecha.

Haciendo <u>clic en la barra de Título y *arrastrándolas*</u>, las *ventanas* pueden <u>cambiarse de lugar en la Pantalla</u>.

Sólo en la posición *restaurada* es posible modificar el tamaño de la *ventana* y moverla en la Pantalla; en la posición *maximizada* no aparecen las flechitas negras y no se puede actuar en este sentido. ¿Complicado? Consejo: si quiere estar en condiciones de mover la *ventana* o cambiar su tamaño, no pulse el botón *maximizar*.

o   Barra de *menús*.-

Ejemplo de una barra de *menús*:

Archivo Edición Ver Insertar Formato Herramientas Tabla Ventana ? Sinónimos...

Aquí, la cosa empieza a ponerse más seria. Pero no es nada del otro mundo. Esta barra contiene *menús*. Un *menú*, en Computación, es similar al cartón que le muestran a Ud. en el restaurant: ¿qué hay para servirse? Ud. hace clic en cualquier *menú* y se despliega una lista de actividades, alternativas u opciones, donde Ud. elige la que le guste mediante otro clic. Los *menús* más comunes de esta barra son:

Menú Archivo (File).- En este *menú* puede ordenar que se *abra* un documento en blanco, que se *abra* el índice de documentos de esta aplicación, y allí, *abrir* el que quiera; que se archive el documento que tiene abierto; que se le permita *configurar* el documento; que se presente una vista preliminar antes de imprimir; que se imprima; que se envíe a otra parte, etc. Ejemplo de un *menú* Archivo desplegado:

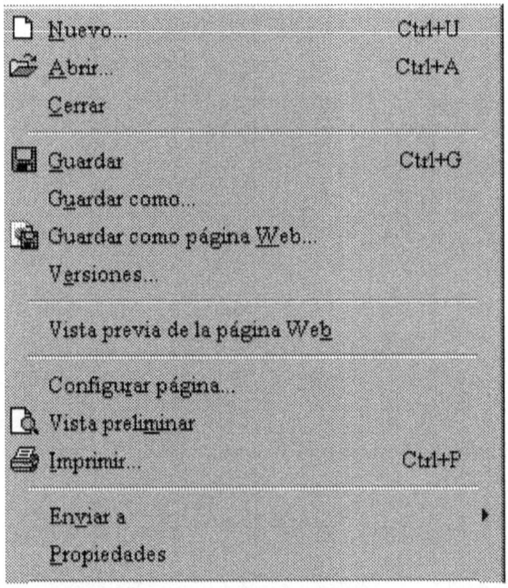

Menú Edición (Edit).- Haga clic en este *menú* y verá que puede hacer otras cosas en el documento que tiene abierto: copiar partes a otro documento, borrar lo que desee, pegar partes desde otro documento, reemplazar textos, etc.

Menú Ver (View).- Permite ver el documento en diferentes modalidades, colocar y eliminar barras, diseñar el encabezado o el pie de la página, etc. Averigüe el significado de las diferentes maneras de ver un documento, buscando la palabra Vistas en la Ayuda.

Menú Insertar (Insert).- Coloque el cursor donde quiere poner algún dibujo, texto, etc. en el documento que tiene abierto. *Abra* este *menú* Insertar y se desplegará una lista con posibilidades de inserción. Elija el tema que desee, edite lo que sea necesario y acepte. Se insertará eso en el documento, en el lugar donde puso el cursor.

Menú Formato (Format).- ¡Este si que es bueno! Despliegue este *menú* y Ud. podrá cambiar el tamaño, tipo y colores de letras o caracteres (llamados *Fuentes* en el léxico computacional); dividir la página en columnas de estilo periodístico; cambiar mayúsculas por minúsculas, y vice-versa; colocar una letra enorme ("letra capital") al comienzo de un párrafo, etc. No olvide *seleccionar* con el Mouse en el texto lo que quiere *formatear*.

Menú Herramientas (Tools).- Este *menú* tiene muchos comandos. Algunos de los más interesantes son: *Sobres y etiquetas* (si está escribiendo una carta), *Personalizar* (le permite poner y quitar íconos de comando en las barras) y *Opciones* (se explica por sí solo, al *abrirlo*). La herramienta Macro, que se describe en el último capítulo de esta Guía, tendrá probablemente poco uso en el comienzo de su aprendizaje, pero es muy valiosa.

Menú Ayuda (Help).- Se representa también con el signo "?".- No deje de usar este *menú* cuando tenga dudas o necesite mayor información en algún tema.

o   Barra Standard.-

Esta barra puede venir con botones de comandos pre-establecidos desde el Proveedor, tales como para: guardar, imprimir, abrir archivo, copiar formato, usar el zoom, etc. Sin embargo, Ud. puede agregar o quitar los íconos de comandos que quiera, *arrastrándolos* con el Mouse desde o hacia el cuadro Personalizar (*menú* Herramientas).

o   Barra de Formatos.-

Al igual que la anterior, esta barra puede contener íconos de comandos preestablecidos, tales como para: elegir tipo de fuente, poner caracteres en negrita, subrayar, poner texto en cursiva, alinear texto, etc., y Ud. puede cambiar su contenido en forma similar a lo descrito en esa barra. Estos comandos actúan sobre lo que se ha *seleccionado*.

o   Barras de Reglas y Barras de Desplazamientos.-

Las primeras sirven para colocar márgenes y ubicar el texto en la página. Las segundas son para deslizar en la Pantalla el contenido de las páginas, hacia los lados o verticalmente. A modo de ejemplo, se presenta a continuación la barra con la Regla superior; la flecha de arriba señala el margen de la primera línea del párrafo, mientras que la flecha inferior señala donde comenzarán las siguientes líneas del párrafo. Con el cursor del Mouse puede mover a gusto estas flechas.

Regla superior:

o   Barra de Estado.-

Es la última, abajo. Le informa la página, sección, línea y columna donde tiene el cursor, además de otros Datos del documento en que está trabajando.

Después del conjunto principal de barras, viene el *area de trabajo*. Se explica por sí misma, y puede tomar el aspecto de una hoja donde escribir textos o de un cuadriculado para trabajar con Datos alfanuméricos, según sea la Aplicación puesta en práctica.- Ud. puede *configurar* el área de trabajo como desee, en cuanto a tamaño, colores, márgenes, etc. Use para estos fines los *menús* Ver y Archivo.

Algunos consejos para desenvolverse en el *Area de Trabajo* (particularmente en Word):

➢Colocar el cursor: Vaya con el puntero del Mouse al lugar deseado y haga clic.

➢Escribir: Alinee el texto según sus deseos, con los comandos de la barra Formato. Los comandos de alineación actúan entre la sangría de primera línea o la sangría izquierda (según haya sangrado cada línea) y la sangría derecha.

➢Frases y Párrafos: Una frase termina con un punto. Un párrafo termina con un punto aparte. La pulsación de la tecla Enter siempre <u>da por terminado</u> un párrafo; este hecho es significativo, por cuanto activa los formatos (interlineado, márgenes, etc.) que se hayan definido para regir una vez completado un párrafo.

➤Borrar:

Borre lo que tiene *a la derecha del cursor*, de a un espacio cada vez, pulsando la tecla "Supr".- Borre lo que tiene *a la izquierda del cursor*, de a un espacio cada vez, con la tecla de "retroceso". Y borre todo lo que *selecciona*, con la tecla "Supr" o con la tecla espaciadora.

➤ Mover texto:

La tecla "Supr" borra espacios a la derecha del cursor, lo que en la práctica se traduce en un movimiento del texto que está a la derecha, hacia la izquierda. (Los espacios también son información en el *Programa*). Si el cursor está vecino al texto, empezará a borrarlo.

Cuando el cursor está en una línea en blanco, la tecla "Supr" empieza a borrar interlíneas hacia abajo, lo que en la práctica se observa como un movimiento del texto que está abajo, hacia arriba. Las teclas de Retroceso producen los mismos efectos, pero en sentido inverso.

También se puede mover texto *seleccionándolo*, luego apuntándolo con el cursor hasta que aparezca una flecha blanca, y finalmente *arrastrándolo* hacia donde desea colocarlo, y soltando allí el botón del Mouse.

La Aplicación Excel, que si bien está hecha para trabajar en "celdas", también permite escribir y usar, en general, los mismos conceptos dados anteriormente. Más adelante, veremos en detalle esta Aplicación. Excel, así como Word, tiene su propia Ayuda para explicar con mayor extensión éstos y otros aspectos de su uso.

En resumen, Windows es una herramienta para actuar con el Computador de manera fácil y amistosa. Ud. trabaja principalmente con la flechita del Mouse, aunque también con el Teclado. Windows evita que Ud. tenga que dar instrucciones detalladas al Computador, presentándole en cambio comandos ya elaborados y alternativas de acción.

7.- ALGUNAS COSAS PRÁCTICAS (APLICACIONES).-

7.1.- GENERALIDADES.-

Ya hemos visto qué es un Computador, cómo se comunica uno con él, qué recursos tiene, etc. Ahora trataremos de hacer algo práctico con él.

Los trabajos prácticos se efectúan, como se ha dicho anteriormente, poniendo en marcha instrucciones que el Computador tiene grabadas en su interior. Las instrucciones diseñadas para una finalidad específica se llaman Aplicaciones. A continuación veremos algunas de ellas, tal vez las de uso más general. Existen, sin embargo, cientos de Aplicaciones, en campos tan especializados como Comunicaciones, Ingeniería, Medicina, Diseño, Astronomía, etc., etc., y continuamente se están desarrollando muchas más.

Antes de entrar en materia, haremos un paréntesis para conocer un elemento de trabajo muy importante en Computación, que es el Teclado.

"EL TECLADO"

El Teclado de un PC es muy parecido al de una máquina de escribir. Las teclas de letras, símbolos, números, espaciado, retroceso, mayúsculas, y otras, están colocadas de la misma forma que en aquélla. De modo que si Ud. sabe escribir en una máquina de escribir (valga la redundancia), con dos dedos o con los diez, al tacto o mirando, no tendrá problema alguno en escribir con este Teclado igual que con el otro.

El sector de letras (al centro) tiene, aparte de las letras y signos usuales, algunos caracteres específicos que se usan en Computación y que las máquinas de escribir no poseen. Estos pueden ser: < [> \ + {] ~ } y otros por el estilo.

Desde el momento que el Teclado del Computador efectúa más tareas que el de una máquina de escribir común y corriente, dispone además de algunas teclas especiales, cuyos significados veremos a continuación.

Teclas de función:

F1, F2, F3, etc. Se ubican en la parte superior del Teclado. Son comandos que efectúan algún proceso o traen a la vista algún cuadro de opciones. Por ejemplo, si pulsa F1, se pondrá a su servicio la Ayuda. Las teclas de funciones realizan diferentes tareas según sea la Aplicación que está en ejecución.

Tecla Esc:

Se encuentra arriba, a la izquierda. Sirve para salir de algún enredo, pero cumple también otras funciones según la Aplicación.

Tecla ImpPnt.:

También está arriba, a la derecha. Su pulsación guarda en el Portapapeles (Clipboard) una imagen exacta **de toda la Pantalla** presente, la cual Ud. puede copiar después donde quiera. Muy útil.

Teclas de Manejo de Páginas:

Es un conjunto de 6 teclas que se ubica a la derecha del sector de letras. Son comandos para actuar sobre las páginas de un documento, sea moviéndolas adelante o atrás, mostrando la primera o la última, e incluso efectuando algunas operaciones sobre ellas.

Algunas funcionan en combinación con la tecla Control, verbi gratia (¡ejem! por el latinazgo): la acción "Control + Fin" lo lleva a la última página.

Una de las más empleadas es la tecla Supr. Borra todo lo que se haya *seleccionado* en el texto, y también, los espacios que estén a la derecha del cursor, uno a uno. En combinación con otras teclas, por ejemplo con Alt y Control (Alt + Control + Supr), pulsadas simultáneamente, permite finalizar un trabajo o reiniciar su PC si su ejecución se ha "trancado". (La ejecución se tranca cuando no responde el Mouse ni el Teclado, cosa que sucede de vez en cuando, por razones esotéricas...). La tecla Supr, cuando se pulsa con el cursor al final de un párrafo, borra las líneas vacías que hay a continuación, lo que se traduce en un efecto de subir líneas que están con texto más abajo.

Tecla Retroceso:

Esta tecla hace retroceder el cursor un espacio, arrastrando el texto que está a su derecha. Si se encuentra con caracteres a su izquierda, los borra.

Teclas de desplazamiento:

Son las 4 teclas con flechitas, ubicadas también a la derecha del sector central de letras. Se usan para desplazarse en el documento en la dirección que indican las flechitas, sin interferir con lo escrito. O sea, son desplazadores "inofensivos". Igualmente, tienen aplicación en Juegos.

Tecla Alt Gr:

Activa el tercer signo que pueda tener una tecla. También se usa, en combinación con otras teclas, para diversas funciones.

Tecla Control:

Actúa en combinación con otras teclas, generando innumerables comandos, que Ud. aprenderá con el tiempo.

Tecla Enter:

También la llaman Intro.- Se encuentra tanto en el Teclado alfanumérico como en el cuadro de teclas numéricas. Puede tener una flecha con un codo o su nombre. Su uso es variado, pero en general sirve para bajar líneas, saltar a otro párrafo o expresar un O.K. (Aceptar, Continuar, Seguir, etc.) en cuadros de diálogos, *Programas* y otras actividades.

Cuadro de teclas numéricas.-

Es un conjunto de 17 teclas, que está a la derecha en el Teclado. Tiene una tecla BloqNum, 4 teclas para los *operadores* aritméticos (/ * - y +), 10 teclas para todos los números del 0 al 9, una tecla Intro y una tecla Supr. Algunas de ellas tienen funciones alternativas.
Para activar las teclas numéricas de manera que marquen números, hay que pulsar la tecla Bloq Num (se encenderá una luz en el Teclado). En caso contrario,

dichas teclas operan con su segunda opción, según se muestra en ellas.

Este es un cuadro muy útil para quienes operan principalmente con números y con la mano derecha.

Lo descrito anteriormente corresponde a Teclados más o menos standard, en español. No obstante, hay que tener en cuenta que este componente de Hardware también está en permanente evolución: formas ergonométricas diferentes, incorporación de teclas de accesos directos, etc.

7.2.- EL PROCESADOR DE PALABRAS.

7.2.1.- <u>DEFINICIÓN</u>.-

Un Procesador de Palabras es un *Programa* desarrollado para realizar con comodidad y flexibilidad la tarea específica de escribir textos.

Ud. puede elegir diferentes tipos de letras, colores, tamaños; escribir números y símbolos; dibujar; insertar imágenes; ubicar el texto donde desee en la página; modificarlo, adornarlo, copiarlo, borrarlo, archivarlo, desarchivarlo; en fin, dispone de una variedad de alternativas que no se imagina, y que no las tiene cuando escribe a mano o con una máquina de escribir.

Existen Procesadores de Palabras de muchas marcas (autores) y en diferentes versiones (ediciones). Aquí trabajaremos con el Procesador de Palabras Microsoft Word®, en su versión Word 2000, *Programa* desarrollado por la empresa Microsoft Corporation y que forma parte de la *familia* Microsoft Office®. Si Ud. tiene versiones anteriores de Word, no se preocupe, porque las características son similares.

7.2.2.- <u>EN ACCIÓN</u>.-

En todo trabajo con *Programas*, éstos deben estar *cargados* en su disco duro; es decir, deben haber sido transferidos desde un CD o de otro origen a la memoria permanente de su Computador. Esta operación, naturalmente, se hace una sola vez y el *Programa* quedará listo para ser usado cuando se le necesite.

Cuando se quiera usar un *Programa*, hay que *ejecutarlo* llevándolo a la memoria volátil (RAM) (¡Por favor! No se trata de matarlo! Esta palabra significa solamente que es preciso "echarlo a andar").

Estas simples acciones tienen, tanto en inglés como en castellano, variadas denominaciones:

Castellano	Inglés
Instalar, cargar, bajar.	Setup, install, load, download.
Abrir, ejecutar, iniciar, lanzar, correr.	Open, execute, start, launch, run.

Evidentemente, resulta imperativa una estandarización en esta materia. Entre nosotros, digamos que los *Programas* hay que *meterlos* al Computador y *llamarlos desde su escondite* cuando los necesitemos.

Vamos a suponer que Ud. ya tiene *cargado* el Procesador de Palabras Word 2000 en su Computador. Trabajará con él de la manera siguiente:

En su *Escritorio* pulse el botón Inicio. Coloque el puntero en el ícono de *Programas*. Aparece un *menú*. Busque y *abra* la Aplicación Microsoft Word haciendo clic en el ícono con ese nombre. ¡Ya está! Se presenta una *ventana* como la que muestra la Figura 2. Tiene el Procesador de Palabras Word a su disposición.

7.2.3.- APRENDIENDO MEDIANTE UN EJEMPLO.-

Normalmente, una materia se enseña en forma metódica y secuencial, explicando paso a paso su contenido. En esta oportunidad, he preferido alejarme de este procedimiento, que podría resulta cansador, y emplear directamente un ejemplo.- A medida que Ud. lo desarrolle irá aprendiendo las potencialidades del Procesador de Palabras Word; y de hecho, llegará a conocer cabalmente esta Aplicación.

La Figura 2 muestra la ventana del procesador de palabras Word.

Figura 2

PROCESADOR DE PALABRAS (WORD)

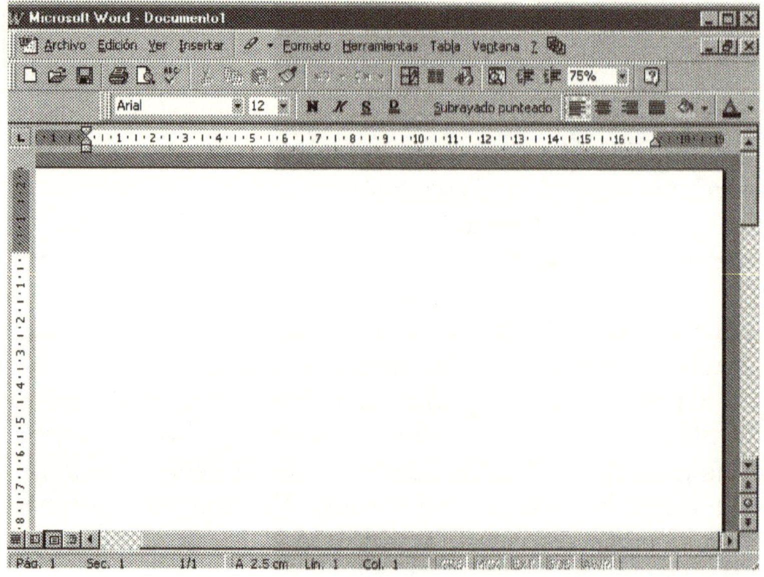

Supongamos que desea escribir con el Computador el texto que sigue, ensayar diversas maneras de presentarlo, archivarlo e imprimirlo. (Ud. podrá hacer muchísimas cosas más con él, pero "calma").

Estoy iniciándome en la Computación; y para eso, lo primero que debo hacer es cargar mi mente con algunos conocimientos, para enseguida echarlos a correr.

(El marco y el sombreado de este texto de ejemplo los he colocado solamente para destacarlo. Ponga atención únicamente al texto.)

En la práctica los textos serán mucho más extensos y variados que esta pequeña frase de ejemplo. Allí podrá Ud. apreciar en todo su valor un Procesador de Palabras.

Bien, si desea escribir este texto a mano o con una máquina de escribir, seguramente necesitará tener en su *Escritorio* real una mesa, una regla, lápices, papel borrador, goma de borrar, papel en limpio, iluminación, archivadores, papel carbónico, etc.

Similarmente, en el trabajo con el Computador Ud. necesitará tener, en la *ventana* donde va a escribir, ciertos elementos que le indiquen al Procesador de Palabras cómo cumplir con ésas y otras obligaciones. Por ejemplo, comandos para **diseñar la escritura** (tipo de letra, color, tamaño, etc.), para **llevar a cabo algunas tareas específicas** (borrar, archivar, etc.), para **definir la estructura de los párrafos**, para **pedir ayuda** si la necesita, etc., etc.

Estos elementos, como queda dicho, son comandos para dar órdenes, y se representan con botones, casillas, íconos, etc., los que vendrán predeterminados por el Proveedor del *Programa* o que Ud. agregará o suprimirá a gusto. La diferencia con la escritura a mano y en una máquina de escribir común y corriente está en que con el Procesador de Palabras Ud. sólo tendrá que efectuar la acción de escribir; todo el resto del "maquillaje" lo hará el Computador mediante órdenes.

Iniciemos, entonces, el trabajo con el mencionado ejemplo.

Ud. ya ha abierto el Procesador de Palabras y ahora va a usarlo.

Seguirá los siguientes pasos, según se describen:

a) Conozca su AMBIENTE DE TRABAJO.
b) ESCRIBA su texto.
c) Ensaye VARIACIONES.
d) ARCHIVE su trabajo y DESARCHÍVELO.
e) IMPRIMA su trabajo.
f) ELIMINE su obra de arte.

a).- <u>Conozca su AMBIENTE DE TRABAJO</u>.-

Como en todas las Aplicaciones de Windows, su Ambiente de Trabajo ya está dispuesto en cada *ventana*, con una que otra variación de acuerdo con la Aplicación. Lo único que tiene que hacer es excursionar en los *menús* y en los comandos de sus barras. Este es su Ambiente de Trabajo. Es como descubrir en su *Escritorio* real dónde está el papel, dónde está el lápiz, cuáles son los archivadores, qué hay en los cajones, etc.

El Procesador de Palabras posee - entre otras - 2 grandes habilidades, que sirven para: UBICAR EL TEXTO EN LA PÁGINA y DISEÑAR SUS CARACTERES. En la jerga computacional estas operaciones se llaman *Configurar* y *Formatear*, respectivamente; y el acceso a ellas se encuentra en lugares diferentes de su Ambiente de Trabajo.

Veremos, entonces, algunas de las posibilidades que ofrece el Procesador de Palabras en estos 2 campos.

I. <u>Ubicar el texto en la página</u>.- (Configurar)

El <u>manejo de texto</u> comprende, entre otras opciones: fijar los márgenes, sangrar, tabular, estructurar párrafos, alinear, justificar y orientar la página. La definición deseada de estas opciones se llama *configurar*.

- <u>Fijar los márgenes</u>.

Márgenes son las distancias que se dejan entre el <u>borde de la hoja</u> y el <u>borde del área de escritura</u>: arriba, abajo, a la izquierda y a la derecha.

Ud. puede establecer los márgenes de dos maneras:

a) Definiéndolos en *cms*, a través del *menú* Archivo:

menú Archivo → Configurar página... → Márgenes.

Esta alternativa es útil si todas las páginas de un documento van a tener los mismos márgenes, si va a encuadernar las hojas, si las va a imprimir por ambos lados, y para ubicar la distancia de los *encabezados* y *pies* con respecto a los márgenes verticales.
(Defínalos, para nuestro ejemplo, en 2,5 cms. en los cuatro costados).

b) Manualmente, mediante el uso de las Reglas:

Hay una Regla horizontal (arriba) y una vertical (al lado izquierdo).

Esta opción manual resulta conveniente cuando se desea dar diferentes márgenes o sangrías a ciertas partes o párrafos durante la redacción de un documento.
La **Regla horizontal** aparece siempre al *abrir* un documento. Si no fuere así, podría estar desactivada. Para activarla, vaya al *menú* Ver y haga clic junto a Regla. Sirve para ajustar el margen izquierdo y el margen derecho, así como las sangrías de primera línea y de las siguientes <u>en cada párrafo</u>.
La **Regla vertical** aparece sólo en la vista *Diseño de Impresión* (*menú* Ver). Para activarla, vaya al *menú*

Herramientas → Opciones → Ver → Opciones de impresión y diseño Web (con clic, ponga un ticket junto a *Regla vertical)*. Acepte. Sirve para cambiar márgenes verticales en diferentes hojas de un documento y para ubicar texto a una altura deseada, en distintas páginas, con relación a otras.

Estas operaciones con las Reglas se efectúan colocando el cursor en la línea divisoria que separa la zona blanca de la zona oscura de cada Regla y, cuando aparece una doble flecha negra, *arrastrando* el margen hacia donde desee.

En Word, los márgenes pueden dejarse *predeterminados*, es decir, definidos para todo nuevo trabajo. Después de haber establecido los márgenes en el *menú* Archivo (Configurar página...), pulse en la ficha "Predeterminar". En Excel no existe un comando simple para predeterminar los márgenes, si bien hay un procedimiento algo complicado para lograrlo.

• <u>Sangrar y tabular</u>.

La Regla horizontal es de uso más frecuente ya que permite, además de fijar márgenes, *sangrar* y *tabular* párrafos. (Recuerde que "párrafo" es todo el texto que comienza después de un punto aparte y termina con un punto aparte. Un párrafo se da por <u>finalizado</u> cuando se pulsa Enter. Al escribir un párrafo el salto de una línea a otra es automático cuando ella se termina, de modo que no pulse nada cuando las líneas se completen, como en la máquina de escribir, porque en ese caso dará por terminado el párrafo).

Sangrar.-

Esta espeluznante palabra significa dejar espacios entre el comienzo o término de las líneas y el margen respectivo. Hay sangrías izquierdas y sangrías derechas, así como sangrías de primera línea (de un párrafo) y de las líneas siguientes del párrafo. (Sangría es también un trago español, bien agradable...).

Para establecer las sangrías se usa la Regla horizontal, la cual dispone de 3 pequeños señalizadores: uno, en la parte superior; y dos, en la parte inferior de ella.

El señalizador superior permite fijar la distancia desde el margen izquierdo hasta donde comenzará la primera línea de cada párrafo. Es la sangría de "primera línea". Para ello, primero coloque el cursor en cualquier parte del párrafo y haga clic (el *Programa* reconoce el párrafo). Sitúe ahora el cursor –que tomará la forma de una flecha– sobre el señalizador superior, haga clic y *arrástrelo* hasta donde desea ubicar dicho punto de comienzo de primera línea.

El señalizador inferior izquierdo define la distancia desde el margen izquierdo hasta donde comenzarán las líneas siguientes del párrafo. Es la llamada sangría "francesa". Proceda con similar secuencia a la anterior, apuntando con el cursor a la parte puntiaguda de este elemento. Si apunta a la parte rectangular de él, podrá mover simultáneamente la sangría de primera línea y la sangría francesa, o sea, correr el párrafo completo.

El señalizador inferior derecho determina la sangría derecha. Actúe de manera semejante a la descrita para el señalizador superior.

Cuando Ud. hace clic en alguno de los señalizadores y mantiene apretado el botón del Mouse, se proyecta una línea punteada, hacia abajo, lo que resulta muy útil para visualizar dónde va a quedar el comienzo (o término) de una línea y para alinear los párrafos unos con otros.

Una vez fijada la posición de estos señalizadores, a medida que Ud. escribe un texto cada línea terminará a la altura del señalizador inferior derecho, y el cursor intermitente saltará a la línea siguiente. Allí comenzará la escritura a la altura definida por el señalizado inferior izquierdo. Reitero que no pulse Enter para saltar de línea mientras efectúa la escritura de un párrafo, porque dará por terminado dicho párrafo.

Si en el trayecto de su escritura Ud. pulsa Enter, sea porque ha decidido poner un punto aparte o por cualquier otro motivo, el cursor salta a la línea siguiente y queda enfilado con el *señalizador superior,* iniciando un nuevo párrafo con la sangría especificada para la primera línea. En el *menú* Formato, y pulsando "Párrafo...", Ud. puede definir la cantidad de líneas que cubrirá el mencionado salto. En todo caso, si salta una sola línea, Ud. puede abarcar más espacio pulsando Enter tantas veces como quiera; y disminuírlo, pulsando Supr., dependiendo dónde está el cursor.

TABULAR.-

En la Regla horizontal Ud. puede establecer *tabulaciones* sin necesidad de configurarlas en sus respectivos cuadros de diálogo del *menú* Formato. Haga clic en el borde inferior de esta Regla, en el lugar donde desea una tabulación. Aparecerá un signo en negrita. Para eliminar tabulaciones una por una, simplemente haga clic en ellas y *arrástrelas* fuera de la Regla. Pulsando en la casilla que aparece al extremo izquierdo de esta barra Ud. puede elegir el tipo de tabulación, vale decir, la dirección en que actúa (haga ensayos).

Recuerde que estas configuraciones se hacen para cada párrafo, en forma individual. Si Ud. quiere aplicar las mismas a un conjunto de párrafos, haga clic delante de la primera palabra del párrafo inicial y *seleccione* todo el conjunto *arrastrando* el cursor. También puede *seleccionar* todo yendo al *menú* Edición y pulsando al comando Seleccionar todo. A continuación defina en la Regla superior las sangrías o las tabulaciones que desee, las que regirán para todo el conjunto seleccionado.

• <u>Estructurar párrafos</u>.

Repitamos que "párrafo" es todo texto que comienza después de un punto aparte y que termina con un punto aparte. El párrafo se da por finalizado cuando se pulsa Enter.

La estructuración de los párrafos consiste en <u>definir las sangrías, el espaciado entre párrafos, el interlineado, la conexión con la página siguiente, etc.</u> Esto se consigue con los comandos de la Barra de Formatos.

• <u>Alinear y justificar el texto</u>.

<u>*Alinear* un texto significa definir el punto donde empezará la escritura, de modo que las palabras iniciales de cada línea comiencen en ese punto</u>. Estos puntos pueden ser a la izquierda y a la derecha, arriba y abajo, y al centro. El texto llega hasta donde cabe una última palabra entera, y salta a la próxima línea.

Para alinear un texto en sentido <u>vertical</u> vaya al *menú* Archivo → Configurar página → Diseño → Alineación vertical, y active esa casilla.

La alineación <u>horizontal</u> es tal vez más usada que la anterior. Se detalla a continuación.

El comando *Alinear a la izquierda* inicia la escritura en el lado izquierdo de la línea y la extiende hacia la derecha hasta que cabe una última palabra completa. De ahí salta a la próxima línea automáticamente. No pulse Enter, porque dará por terminado el párrafo. Este consejo parece estar muy repetido, pero es que los estudiantes incurren muy a menudo en este error.

El comando *Alinear a la derecha* hace lo mismo, pero partiendo desde el lado derecho de la línea.

El comando *Centrar* comienza la escritura desde el centro del espacio delimitado por el margen derecho y la sangría de primera línea, y la va extendiendo hacia derecha e izquierda desde ese punto, en forma equidistante, hasta donde cabe la última palabra completa. Después, salta al centro de la próxima línea.

La orden *Justificar* reparte uniformemente todas las palabras que caben en una línea entre los límites definidos para ellas. Ajusta la distancia entre las palabras.

A continuación se muestran los íconos (o etiquetas) de estos comandos y sus significados:

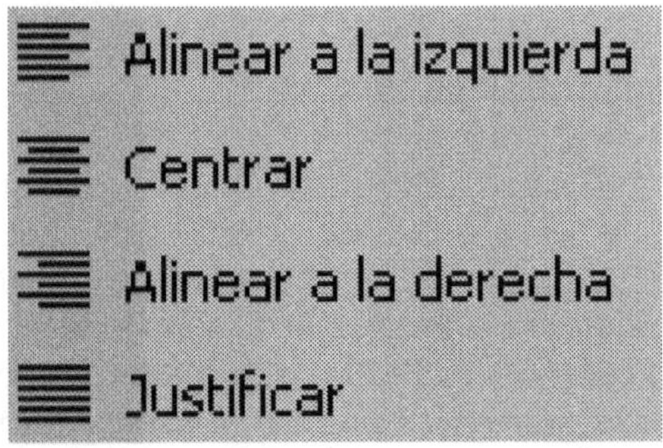

Si va a efectuar alguna de estas operaciones y ya ha escrito el párrafo, ponga el cursor en cualquier parte de él. Si aún no lo ha escrito, ponga el cursor en cualquier lugar de la línea donde lo va a empezar. A continuación haga clic en la etiqueta de alineación que desee.

Las etiquetas de estos formatos se ubican en la barra de Formato. Si no están, búsquelas en: *menú* Herramientas → Personalizar → comando → Formato, y *arrástrelas* hacia la barra de Formato.

A continuación, veremos el texto del ejemplo en estas 4 modalidades. (El marco es sólo para destacar el texto; y, en este caso en especial, para que pueda observar <u>cómo quedan las líneas con respecto a los márgenes laterales</u>. Las puntas de flecha en el borde superior son únicamente para destacar el tipo de alineación).

<u>Alineado a la izquierda</u>.-

^

Estoy iniciándome en la Computación; y para eso, lo primero que debo hacer es cargar mi mente con algunos conocimientos, para enseguida echarlos a correr.

<u>Centrado</u>.-

^

Estoy iniciándome en la Computación; y para eso, lo primero que debo hacer es cargar mi mente con algunos conocimientos, para enseguida echarlos a correr.

<u>Alineado a la derecha</u>.-

^

Estoy iniciándome en la Computación; y para eso, lo primero que debo hacer es cargar mi mente con algunos conocimientos, para enseguida echarlos a correr.

<u>Justificado</u>.-

∧   ∧

> Estoy iniciándome en la Computación; y para eso, lo primero que debo hacer es cargar mi mente con algunos conocimientos, para enseguida echarlos a correr.

• <u>Orientar el texto en la página</u>.-

El texto se puede escribir en la página, colocada ésta en posición vertical u horizontal. En otras palabras, en forma de "retrato" o en forma de "panorama" (llamada también "apaisada").- En inglés: la primera es "frame"; y la segunda, "landscape". La forma horizontal es útil cuando se trata de imprimir planillas o tablas muy anchas en una sola página.

Escriba de las dos maneras la frase del ejemplo, según se indica a continuación:

PRESENTACIÓN VERTICAL.

Menú Archivo → Configurar página... → Tamaño del papel → Orientación (marque Vertical) → Diseño → Alineación vertical (marque Centrada). Acepte.

La frase se verá así, en la página:

Estoy iniciándome en la
Computación; y para eso, lo
primero que debo hacer es
cargar mi mente con algunos
conocimientos, para enseguida
echarlos a correr.

PRESENTACIÓN HORIZONTAL.

Siga la misma secuencia anterior, pero en la casilla donde dice Orientación marque Horizontal.

Nuestra frase quedará así:

Estoy iniciándome en la Computación; y
para eso, lo primero que debo hacer es cargar
mi mente con algunos conocimientos, para
enseguida echarlos a correr.

II. **Diseñar los caracteres**.- (Formatear)

Los caracteres, en Computación, reciben el nombre de Fuentes. Diseñar las fuentes es elegir *tipos, colores* y *tamaños* para ellas.

Por *tipos* de fuentes debemos entender estilos o presentaciones especiales, como el gótico, imprenta, manuscrito, etc. Las otras características disponibles se explican por su propio nombre.

El Procesador de Palabras pone a su disposición una gran variedad de tipos de fuentes, colores y tamaños.

Veamos, con nuestro texto de ejemplo, una variación simultánea de estas 3 características.-

Formatee el texto con un *tipo* de letra *Verdana*, un *color* *azul intenso* y un *tamaño* *más grande que el original*. Entonces, antes de escribir el texto, o *seleccionándolo* una vez escrito, proceda con la siguiente secuencia:

Menú Formato → A Fuente... → Fuente → Fuente: (busque y marque Verdana) → Estilo de fuente: (marque Negrita) → Tamaño: (busque y marque 20) → Color de fuente: (busque y marque Azul). Acepte.

El texto se verá así:

Estoy iniciándome en la Computación; y para eso, lo primero que debo hacer es cargar mi mente con algunos conocimientos, para enseguida echarlos a correr.

En este misma secuencia, Ud. puede ver – después de la última opción que eligió – otras posibilidades de formato, tales como *subrayar, poner todo en mayúsculas, tachar, etc.* Pruebe, sin temor.

----

b).- <u>ESCRIBA su texto</u>.-

Ya ha aprendido a usar su AMBIENTE DE TRABAJO, colocando en su *Escritorio* las herramientas suficientes para ubicar el texto en la hoja y diseñando los caracteres.

Antes de empezar a escribir la frase del ejemplo, quisiera reiterar que, aparte de los comandos ya descritos, Ud. dispone de muchos <u>otros recursos de configuración de texto y formateo de fuentes</u>, cuyos comandos puede incluso colocar en las barras de su *ventana* para un acceso directo. En el cuadro siguiente se explica el procedimiento para colocar comandos adicionales en las barras de su *ventana*.

Digamos que quiere tener a la vista botones extras para: Subrayar con Doble Línea, Cambiar Colores, Centrar el Texto, Poner Viñetas, etc. A fin de colocarlos en la *ventana*, Ud. debe elegir primero las *Barras* que deberán estar en ella, y luego, los comandos que contendrán estas barras para ejecutar dichas acciones.

Vaya con el puntero al *menú* Herramientas en la barra de *menú*s y haga clic. En el sub-*menú* que se despliega haga clic en Personalizar...Se abre la *ventana* Personalizar. En la parte superior se le presentarán 3 fichas:

Ficha <u>Barras de herramientas</u>: Actívela, haciendo clic en ella. Aparece un listado titulado Barras de herramientas: Allí, Ud. podrá señalar las barras que se mostrarán en su *ventana*.

Ficha <u>comando</u>: Actívela. En el listado Categorías, del cuadro que allí aparece, Ud. puede seleccionar con un ticket los *menú*s de los cuales extraerá los comandos deseados. En el listado comando busque el que Ud. quiere poner en una barra, pulse en él, *arrástrelo* fuera del cuadro y suéltelo en la barra correspondiente. Una vez ubicado el comando en la barra respectiva, y manteniendo abierto este cuadro Personalizar, haga clic en el ícono en la barra. Ahora, Ud. puede ver para qué sirve abriendo la ficha Descripción; y puede configurar el ícono abriendo la ficha Modificar selección▼.

Ficha <u>Opciones</u>: Aquí puede configurar otras picardías, que no es necesario explicarlas por ahora.

Las ubicaciones de los diferentes comandos en cada una de las barras, así como algunos nombres de botones o íconos, tienen cierto grado de convencionalismo y pueden conducir a confusiones. Por ejemplo, la palabra "Herramientas" ("Tools") Ud. la va a encontrar en distintos lugares, a veces como nombres de *menús* que contienen órdenes especiales; otras, como título de textos de ayuda; también, como conjunto de recursos del Computador.- Algo parecido sucede con la palabra "Abrir" ("Open").

Por lo tanto, no se preocupe mucho por los nombres o el lugar en que están, sino más bien trate de comprender y recordar qué hay detrás de un ícono o de un botón y para qué sirve en cada ocasión.

Ahora puede iniciar su tarea. Vaya al *menú* Ver, y haga clic. Se despliega una *ventana* con 4 secciones.

En la primera sección pulse en Diseño de Impresión (llamado también Diseño de Página). Esta es una de las *vistas* conque se puede presentar un documento. En el *menú* Ayuda encontrará el significado de ellas.

En la segunda parte, apunte a Barra de Herramientas.- Como esta opción tiene una pequeña flecha al lado derecho, automáticamente se *abrirá* un nuevo *menú* que contiene todas las barras disponibles. Haga clic en Standard y en Formato. Haga clic en Regla.

Compruebe que la Barra de Formato contenga los 4 íconos de alineación. En caso negativo, incorpórelos a ella siguiendo las instrucciones del cuadro con fondo de color presentado más atrás. (Herramientas → Personalizar... → ficha comando → categoría Formato → comando de Alineación).

Estos serán los recursos que tendrá a mano para escribir en este ejemplo, por ahora. (Como ya se dijo, Ud. puede conformar su ambiente de trabajo en muy diferentes formas).

Puede comenzar.

i.- <u>Configure texto y diseñe fuentes</u>.-

Márgenes: (*menú* Archivo → Configurar página...)

En ficha Márgenes, fíjelos a 2,5 cm en cada uno de los 4 costados.
En ficha Tamaño del Papel, señale Carta y Vertical.

Fuentes: (*menú* Formato → Fuente... → ficha Fuente.)
En Fuente elija Tahoma. En Estilo seleccione Regular. En Tamaño marque 12. En Color, decida el Negro.

Alineación de párrafo: (Último ícono de Alineación en Barra de Formato)

ii.- <u>Escriba su frase</u>.-

En la página de Word, que tiene *abierta, configurada* y *formateada*, Ud. verá un cursor parpadeando. Muévalo al lugar donde desea comenzar la escritura, haciendo uso de las teclas de desplazamiento (conjunto de 4 flechas en el teclado) o con un clic del Mouse en ese lugar. Teclee su texto.
Seguramente observará que incurre en errores a medida que va escribiendo. No se preocupe. El Procesador de Palabras dispone de varios trucos para obviarlos, algunos de los cuales explico a continuación. (Los errores se han colocado subrayados).

➤ <u>Caracteres repetidos</u>.-

Ejemplo: Estoy iniciándome e<u>nn</u> la Computación......
Soluciones:

a) Ponga el cursor entre las dos *enes* y pulse Supr.

b) Ponga el cursor al lado derecho de la segunda *ene* y pulse la tecla de *retroceso*.

c) *Seleccione* cualquiera de las dos enes y pulse Supr.

Estas funciones de las teclas Supr. y *retroceso* pueden usarse con todo tipo de caracteres (letras, números, etc.), palabras y textos completos. Lo que hacen es suprimir espacios a la derecha o izquierda del cursor, respectivamente.

➢ <u>Espacios faltantes y espacios sobrantes</u>.-

Ejemplo: Estoy iniciándome <u>enla</u> Computación; y para eso, lo ______ primero que debo hacer es........

Soluciones:

- Para el primer error, coloque el cursor entre la *ene* y la *ele* del conjunto <u>enla</u> y pulse la tecla espaciadora (abajo, en el Teclado).

- Para el segundo, coloque el cursor inmediatamente después de la palabra *lo*, y pulse tantas veces como sea necesario la tecla Supr.- También puede lograr su objetivo poniendo el cursor delante de la palabra *primero*, y pulsando la tecla *retroceso* en igual medida.

➢ <u>Palabras mal escritas</u>.-

Ejemplo: Estoy <u>inisiándo</u> en la Computación.........

Soluciones: (entre otras)

- *Seleccione* <u>toda(s) la(s) palabra(s) mal escrita(s)</u> y escriba sobre ella(s) la(s) palabra(s) correcta(s). El nuevo texto reemplaza al anterior. Esta operación se llama *reemplazar la selección al escribir*, y debe estar activada en la configuración de Word (*menú* Herramientas → Opciones → Edición → Opciones de Edición).

- *Seleccione* <u>sólo las letras mal escritas</u> y corrija lo necesario, escribiendo encima.

En cualquier caso, puede borrar todo lo señalizado pulsando la tecla Supr., y escribir enseguida el texto correcto.

➢ <u>Texto mal ubicado</u>.-

Ejemplo: "Estoy iniciándome en la Computación; y para eso, primero lo que debo hacer es cargar mi mente.............."

Error: La palabra *primero* debe ir después de la palabra *lo*, y no después de la coma de la palabra *eso*.

Solución:

- *Seleccione* la palabra *primero*. Apúntela con el cursor y, cuando aparezca una flecha blanca, haga clic con el Mouse. Aparece un pequeño rectángulo con líneas segmentadas, debajo de la flecha; y una raya vertical punteada, al nivel del sector *señalizado*. Sin soltar el botón del Mouse, *arrastre* hasta que coloque la rayita vertical punteada delante de la palabra *que*. Suelte. La palabra *primero* cambia automáticamente de ubicación.

Esta operación es sumamente útil para trasponer o reubicar palabras, frases y párrafos completos. Sólo *seleccione, arrastre y suelte.*

----

c) <u>Pruebe VARIACIONES</u>.-

Este es un campo de acción realmente ilimitado. Únicamente a través de ensayos y más ensayos, Ud. podrá formarse una idea de las alternativas disponibles.- Veremos a continuación, simultáneamente aplicadas, <u>cuatro</u> variaciones al texto de nuestro ejemplo:

- Colocar texto en mayúsculas.
- Marcar con negrita algunas palabras especiales.
- Subrayar.
- Letra capital.

Escriba su párrafo original. A continuación, para formatear las cuatro modalidades en el mismo orden señalado, proceda así:

MAYÚSCULAS.- *Seleccione* todo. Luego: *menú* Formato → Cambiar mayúsculas y minúsculas... → MAYÚSCULAS. Acepte.

NEGRITA.- *Seleccione* en el ejemplo las palabras "cargar" y "echarlos a correr". Pulse el comando *Negrita* (**N**) en la barra de Formato.

SUBRAYADO.- *Seleccione* las palabras "lo primero" y pulse el comando *Subrayado* (<u>S</u>) en la barra de Formato.

LETRA CAPITAL.- Coloque el cursor en cualquier parte del párrafo y haga clic. A continuación vaya a *menú* Formato → Letra capital... → Posición (marque En texto) → Líneas que ocupa (marque 2). Acepte.

Ahora, la frase se verá así:

ESTOY INICIÁNDOME EN LA COMPUTACIÓN; Y PARA ESO, <u>LO PRIMERO</u> QUE DEBO HACER ES **CARGAR** MI MENTE CON ALGUNOS CONOCIMIENTOS, PARA ENSEGUIDA **ECHARLOS A CORRER.**

A decir verdad, no se ve muy atractiva la presentación, pero contiene todo lo que Ud. formateó.-

Para deshacer, o sea, para suprimir el último cambio e ir volviendo a la presentación anterior, sólo pulse en la flechita doblada hacia la izquierda - en la barra Standard – tantas veces como desee. Para recuperar presentaciones, pulse en la flechita doblada hacia la derecha.

---

d) <u>ARCHIVE su trabajo y DESARCHÍVELO</u>.-

Ud se preguntará: ¿Qué es esto, en Computación?

En realidad, archivar (guardar, salvar) en Computación es la misma acción de guardar un documento de papel en un archivador. La diferencia está en que Ud. archiva lo que tiene en Pantalla en medios magnéticos dentro del Computador. Los términos más usados para esta operación son "guardar" en castellano y "save" en inglés.

Cuando Ud. ordene que <u>se archive</u> su trabajo, de hecho se archivará **todo el documento en el que ha estado trabajando, y que esté activo (presente) en la Pantalla**. El documento puede tener mucho texto y ocupar varias páginas.

i.- <u>ARCHIVE</u>.

Vamos a suponer que Ud. tiene a la vista, en la Pantalla de Word, la frase original del ejemplo.

Si ya ha archivado anteriormente esta frase, y el documento posee <u>ubicación, nombre y formato,</u> simplemente pulse el comando *Guardar* (*menú* Archivo o ícono en forma de un diskette en la barra Standard) y el documento se archivará <u>tal como está</u> en Pantalla, <u>reemplazando el contenido anterior</u> en el disco y permaneciendo a la vista.

En cambio, si es primera vez que lo archiva, la pulsación en este comando *Guardar* le mostrará una *ventana* con la ubicación, nombre y formato <u>que sugiere el *Programa*</u>. Ud. puede cambiar estas opciones, eligiendo y/o escribiendo otras en las casillas correspondientes. A continuación, pulsando en la casilla *Guardar* de esta *ventana*, el documento se archivará con las características que estén finalmente definidas en ella, y desaparecerá de la vista.

Si Ud. usa el comando *Guardar como...* (*menú* Archivo), en vez del comando *Guardar*, el documento se archivará como **una copia** del que tiene en Pantalla, <u>con las variables de archivo que Ud. defina en dicha *ventana*</u> y cuando pulse el botón *Guardar* ubicado en ella, según se explica enseguida.

Variables de archivo:

❑ ¿Donde archivar? (Casilla *Guardar en:*)

El sitio donde se va a almacenar su trabajo puede ser su *Escritorio*, carpetas, diskettes o CDs, etc. En forma predeterminada aparece la carpeta "Mis documentos" y otras posibilidades al actuar sobre la flechita de esta etiqueta, pero Ud. puede elegir lugares más específicos abriendo esos íconos. Sencillamente, *señalice* el lugar deseado y pase a la casilla siguiente.

❑ ¿Qué nombre va a tener el archivo? (Casilla *Nombre de Archivo:*).

¿Parece obvio, no? ¡Imagínese el *Escritorio* real en su vivienda, lleno de archivadores sin nombre! ¿Cómo encontraría sus documentos? También parece evidente que <u>el nombre del Archivo no debe ser necesariamente igual al nombre del trabajo</u>; por ejemplo, si su trabajo se llama "Plan para vacaciones año 2003", Ud. puede archivarlo con el nombre "Vacaciones 2003".

Si Ud. <u>no bautiza</u> su Archivo, Word lo guardará colocando como nombre <u>la primera frase</u> de su trabajo.

Adelante pues, escriba en esta casilla el nombre que desee.

❑ Definir en qué formato se va a archivar.

Esto cae en un campo algo más técnico, porque el Computador desea saber con qué *Programa* deberá *abrir*se su Archivo, y archivarlo de manera que eso sea posible. Es decir, si lo va a *abrir* como Word, con texto MS-DOS, como página Web, etc.- No le haga mucho caso a esta inquietud del Computador. Por ahora, archívelo como se lo propone él mismo, como "Documento de Word". Más adelante, en su desempeño como experto, Ud. manejará estas opciones a gusto.

o Contraseña.

En esta misma *ventana* de *Guardar como...* Ud. encontrará un *menú* llamado Opciones, o Herramientas. Aquí puede colocar una contraseña para guardar su documento en forma protegida. Tenga presente que lo que guardará ahora será una copia del documento original, con una contraseña. Si desea asegurar la protección, deberá eliminar el original y dejar esta copia. En este mismo *menú*, una vez abierto el documento, Ud. puede suprimir o cambiar la contraseña, antes de guardarlo nuevamente.

Una vez cumplimentadas estas solicitudes, pulse en la casilla *Guardar*, en esta misma *ventana*. El documento se archivará como Ud. lo ha dispuesto (ubicación, nombre y formato; y eventualmente, contraseña).

ii.- <u>DESARCHIVE</u>.-

Ud. quiere ahora ver alguno de sus trabajos archivados, sea para corregirlo, imprimirlo o simplemente leerlo.

Vaya al *menú* Archivo, pero en vez de elegir *Guardar* haga clic en *Abrir...*

La *ventana* que se abre es similar a la que usó para archivar, salvo que el último comando que aparece es *"Abrir"*.

Busque el <u>lugar</u> de almacenamiento, escriba el <u>nombre</u> de su Archivo y elija el <u>tipo</u> de Archivo en cada una de las casillas que ya conoce. En la segunda y tercera etapa puede simplificarse la vida *seleccionando* con un clic el nombre del Archivo en la misma lista que se ha desplegado, y eligiendo "Todos los Archivos" en la casilla Tipo de Archivo.

Las listas presentan en primer lugar las Carpetas, y después los nombres de los Archivos independientes (ordenados alfabéticamente, por fecha, por tipo, etc., según Ud. lo haya definido en el *menú* Ver).

También puede *abrir* Archivos pulsando en el ícono *Abrir*, representado con el dibujo de una carpeta con una flecha curvada, arriba en la barra Standard.

¿Quiere devolver su documento a la bodega? Pulse *Guardar*, tal como ya se explicó.

----

f) <u>IMPRIMA su trabajo</u>.-

En muchas ocasiones puede ser necesario imprimir su documento. O, probablemente, Ud. lo ha hecho precisamente porque debe imprimirlo. Para imprimir un documento cualquiera, éste tiene que estar <u>abierto</u> (expuesto) en la Pantalla. Por lo tanto, busque el documento que va a imprimir y *ábralo*.

Las instrucciones para imprimir con una determinada Impresora vienen con ella. En general, se trata de decirle a la Impresora cuáles son las variables del documento que se va a imprimir. Muchas de ellas ya las vimos en la sección *Configurar Página*, tales como ubicación del texto, márgenes, tamaño de la hoja, etc. También habrá que decirle cuántos ejemplares quiere de su trabajo, qué calidad de impresión desea (fina, normal, borrador, etc.), si desea imprimir por ambos lados de las hojas, y otros factores propios de la operación de imprimir.

Vaya al *menú* Archivo y pulse en "Imprimir...".- La *ventana* que se abre tiene una variedad de opciones y comandos, que más o menos se entienden por sí solos. En caso que necesite mayores explicaciones en algún sector, recurra a la Ayuda, arrastrando el signo de interrogación ubicado arriba a la derecha hacia el lugar donde la requiera.

Antes de dar la orden para imprimir, conviene observar cómo se presentará su trabajo una vez impreso. Tenemos una herramienta muy útil para este fin: el botón Vista Preliminar, que Ud. encuentra en la Barra Standard o en el *menú* Archivo. Púlselo y le presentará una miniatura de su (s) página (s).

La Vista Preliminar es sólo un bosquejo, no busque detalles exactos en ella. Si cree que su trabajo no <u>luce</u> bien, cierre la Vista Preliminar y vaya a Configurar Página (*menú* Archivo). Haga los cambios que desee. En todo caso, antes de seguir, siempre debe cerrar la Vista Preliminar.

Cuando todo esté a su gusto, pulse Aceptar en la *ventana* de Imprimir. Mas, previamente y aunque parezca irónico recomendarlo, compruebe que la Impresora esté conectada al tomacorriente, encendida y con papel.

----

g) <u>ELIMINE su obra de arte</u>.-

Ahora ya no se trata de borrar, configurar o formatear. Sencillamente, su trabajo está pasado de moda, está ocupando espacio, no le gustó, quiere cambiarlo por otro, etc. ¡Hay que eliminarlo para siempre!

Como en muchos casos en Windows, esta operación puede efectuarse de diferentes maneras. Le explicaré una de ellas.

En el *menú* Archivo y con clic en *Abrir...*, o pulsando el ícono *Abrir* en la barra Standard, *abra* la *ventana Abrir...*, la cual mostrará la lista de Archivos de la Aplicación que tiene en funciones.

Busque y *seleccione* el nombre del Archivo que quiere eliminar. Haga clic en él <u>con el botón derecho del Mouse</u> y pulse el comando Eliminar en el *menú* contextual que se habrá desplegado. Para su mayor seguridad, por si se ha equivocado de Archivo o está arrepentido de lo que va a hacer, el *Programa* le preguntará si está seguro que desea eliminar ese Archivo (y le mostrará el nombre) antes de enviarlo a la *Papelera de Reciclaje*. Haga clic en "Si" y el Archivo desaparecerá hacia dicha *Papelera* virtual.

Windows respeta aún más su derecho a equivocarse, y – como ya se ha dicho - le permite reenviar su Archivo desde la *Papelera* hacia su lugar de origen. Sólo haga doble clic con el botón principal (o un clic con el botón alternativo del Mouse) en el ícono de la *Papelera* en el *Escritorio*, *seleccione* el nombre de su Archivo y ordene Restaurar. Lo habrá recuperado en su lugar de origen. Si pulsa en Eliminar lo habrá perdido para siempre. Si pulsa Vaciar la *Papelera de Reciclaje*, sea en el primer *menú* que aparece o en el *menú* Archivo de la *ventana*, se eliminarán definitivamente **todos** los Archivos que contenga.

<u>Cuando Ud. elimina Archivos almacenados en un diskette, ellos no pasan por la *Papelera* sino que desaparecen de inmediato y para siempre.</u>

7.3.- LA PLANILLA ELECTRÓNICA.

7.3.1.- <u>DEFINICIÓN</u>.-

La Planilla Electrónica es una herramienta computacional que permite efectuar diversas operaciones con los Datos que se le proporcionan: clasificarlos, hacer cálculos con ellos, representarlos en gráficos, etc.

Una Planilla Electrónica (llamada también Hoja de Cálculo) consiste en una hoja cuadriculada, cuyas columnas se designan con letras (A, B, C, ...); y cuyas líneas, con números (1, 2, 3, ...).- En la Pantalla se ve, entonces, como un conjunto de "celdas", que se identifican con una letra y con un número; por ejemplo, la celda D15 es la que está ubicada en el cruce de la columna D con la línea 15.

En las celdas se desarrolla toda la actividad de esta Aplicación. En ellas se introducen los Datos y las instrucciones para actuar, para lo cual hay que *seleccionarlas* previamente. La celda *seleccionada* se llama también *celda activa.* Es importante recordar estos conceptos.

Los Datos se clasifican en alfabéticos, numéricos y simbólicos.

En el menú Formato las celdas pueden estructurarse para recibir y manejar varias clases de Datos, tales como: cifras, fechas, horas, fracciones, textos, monedas, anotaciones científicas, etc. (casilla Número); para anotar los caracteres en diferentes tipos, tamaños y colores (casilla Fuentes); para refundirse en celdas de diversas dimensiones (casilla Alineación); para aceptar bordes y tramas (casilla Bordes y casilla Tramas) y para protegerse contra modificaciones (casilla Proteger) Asimismo, en el mismo *menú* se pueden formatear filas, columnas y hojas, pudiendo también elegirse formatos prediseñados y otras opciones.

7.3.2.- <u>DESCRIPCIÓN.-</u>

Hay muchas marcas y modelos de Planillas Electrónicas. Aquí trabajaremos con la Planilla Electrónica Microsoft®Excel97®, de la firma Microsoft Corporation. Versiones posteriores tendrán algunas mejoras, pero en el fondo serán similares.

Abra en su PC la Aplicación Excel pulsando el botón Inicio, colocando el cursor en *Programas* y haciendo clic en el título Microsoft Excel. (Más adelante, podrá aprender también a colocar un ícono de diversas Aplicaciones en la Barra de Tareas, y hacer clic en él para *abrir*las directamente). En este caso, se presentará una *ventana* como la que muestra la Figura 3.-

Figura 3

<u>LA PLANILLA ELECTRÓNICA (Excel)</u>

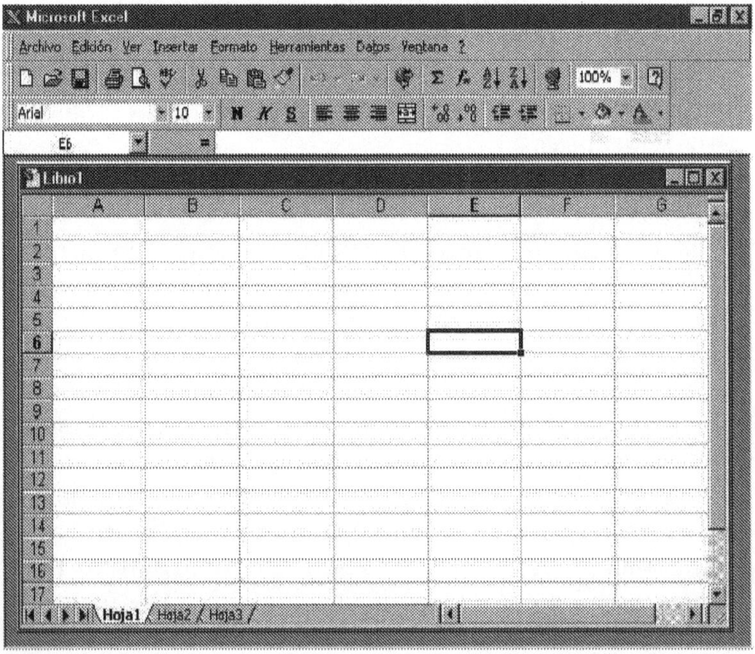

¿Qué observamos en esta *ventana*? Bueno, lo típico de una *ventana* de Windows: Un <u>Sector de Barras</u> y un <u>Area de Trabajo</u>.

• <u>Barras</u>.-

Las barras son similares a las que ya vimos en el Procesador de Palabras. Sin embargo, como se trata de otro tipo de tareas, hay algunos comandos específicos para esta Aplicación. Los veremos más adelante. También aquí, Ud. puede cambiar los comandos de las barras: (*menú* Herramientas → Personalizar...etc).

<u>Barra de titulos</u>. Es igual que la de Word, pero por un capricho del productor, muestra primero el nombre de la Aplicación; y después, el nombre del documento.

<u>Barra de *menús*</u>. Esta barra contiene prácticamente los mismos *menú*s del Procesador de Palabras: Archivo, Edición, Ver, Insertar, Formato, etc.- Pero en vez del *menú* **Tabla** tiene uno que se llama **Datos,** que permite manipular Datos cuando se está en esa faena. Al trabajar con gráficos, este *menú* Datos es reemplazado automáticamente por un *menú* denominado **Gráfico,** que permite manipular los gráficos. (Cómodo, no?)

<u>Barra de fórmulas</u>. Esta barra es propia de la Planilla Electrónica.- Muestra la <u>identificación</u> de la celda que está *seleccionada* y su <u>contenido</u>. Por ejemplo, en la Figura 3, donde la celda *seleccionada* es la E6, esta barra muestra a la izquierda precisamente los caracteres **E6**; y el espacio a la derecha del signo = está en blanco, porque la celda está vacía. Este espacio mostraría el texto o las fórmulas que se fueran creando o que existirían en dicha celda. A la izquieda de la Barra de Fórmulas se encuentra una casilla donde se

puede colocar un nombre cualquiera a una celda o a un rango de celdas, en reemplazo de sus designaciones habituales.

Los <u>textos y fórmulas</u> inscritos en una celda activa <u>pueden modificarse colocando el cursor en esta Barra de Fórmulas</u>. También pueden modificarse <u>en la celda misma pulsando F2</u>, con lo cual el cursor aparece a continuación del último carácter escrito en la celda. Esta última alternativa permite visualizar directamente el paso de una celda a otra.

Después de las barras, la Aplicación Excel presenta la Planilla propiamente tal.

• <u>Planilla</u>.- (Área de trabajo)

Como queda dicho, una Planilla consiste de un conjunto de casillas (llamadas "celdas") que forman un enrejado recto. Las filas y columnas se presentan, en un principio, como conjuntos de rectángulos de medidas predeterminadas; pero ellas pueden dimensionarse a gusto: sólo *arrastre* con el cursor sus límites, en las barras. Los bordes de las celdas no son imprimibles, salvo que se los resalte con algún color (ver más adelante).

A la derecha y abajo en la Planilla Ud. encuentra unas barras que tienen flechas y un "carrito". Al igual que en el Procesador de Palabras y en muchas otras Aplicaciones, estas barras permiten *desplazarse* por el documento. Haga clic en una flecha, para un desplazamiento corto; haga clic en el espacio entre carrito y flecha, para desplazamientos más amplios; o *arrastre* el carrito, para regular Ud. mismo el trayecto. En modelos avanzados de Mouses (Mice, en inglés!... supongo) hay ruedas o botones que permiten desplazarse por los documentos en forma más fácil.

El trabajo en una Planilla Electrónica se organiza en <u>Libros</u>, cada uno de ellos con un cierto número de <u>Hojas. Un Libro de Excel puede contener hasta 256 Hojas. Cada Hoja posee 256 Columnas y un poco más de 65.000 líneas.</u> En versiones recientes, Excel tiene un ilimitado número de líneas. Ud. puede predeterminar la cantidad de Hojas que desee para su Libro yendo al *menú* Herramientas → Opciones → General → Número Hojas en Nuevo Libro. Se pueden confeccionar tantos Libros como su Computador lo permita (capacidad).

<u>Para los efectos de impresión, las Hojas están compuestas por Páginas. Cada Hoja tiene algo más de 30.000 Páginas</u>, distribuidas tanto hacia abajo como hacia la derecha.

¿No serán muchas? Bueno, esta información es sólo para que conozca la capacidad de esta Aplicación.- Ud. usará las que realmente necesite.

En la Planilla, arriba a la izquierda, se ve un botón cuadrado. Haciendo clic en él se *selecciona* **toda la Hoja** en que está trabajando. Es útil para *formatear* o *borrar* **de una vez todo el contenido** de la Hoja.

En la parte inferior de la *ventana* hay unas etiquetas que muestran el nombre y la cantidad de Hojas del Libro en que Ud. está trabajando. La etiqueta de la *Hoja activa* se presenta en color blanco. Al comenzar el trabajo en un Libro, estas etiquetas aparecen numeradas: Hoja 1, Hoja 2, Hoja 3, etc...- Haciendo clic con el botón derecho del Mouse en cualquiera de ellas, Ud. puede cambiar su número por un nombre u otro número, cambiar de ubicación esa Hoja, eliminarla, crear nuevas Hojas, etc.-

Tal como se dijo más atrás, las celdas y sus contenidos pueden *formatearse* en una variedad de sentidos: Color de texto y de bordes, tamaños y tipos de caracteres, estilos de fechas, estilos de números, color de fondo, protección contra cambios, etc. *Seleccione* la celda o el sector (rango) de celdas que desee formatear, vaya al *menú* Formato y elija lo que desee. Acepte y pulse Enter. En la etiqueta Celdas, la opción *Alineación* es muy interesante y útil: allí puede unir celdas, alinear el texto, adaptar el tamaño del texto al tamaño de la celda, etc.

A modo de ilustración, vea enseguida cómo pueden *formatearse* <u>las fechas</u>.

Supongamos que Ud. va a colocar fechas en una columna, y desea que se presenten en la forma DD-MM-AAAA (día y mes, con 2 dígitos; y año, con 4 dígitos; en ese orden). Por ejemplo: 23-04-2003, representando en este caso el 23 de Abril del año 2003.

Seleccione todo el rango de celdas que desea formatear para fechas y proceda de esta manera: *menú* Formato → Celdas → Número → Fechas. Aparecerá una lista como la que sigue:

4-3
4-3-97
04-03-97
4-mar
4-mar-97
04-mar-97
mar-97
marzo-97
4 de marzo de 1997
M
M-97

Note que <u>son distintas formas de representar una fecha</u>. (El año que aparece en esta lista es convencional, y probablemente corresponderá al de construcción de su Computador o al de creación o ingreso del *Programa*; su mención es solamente ilustrativa. En algunas versiones, el *Programa* coloca la fecha actual. En todo caso, el formato responderá a la fecha que Ud. indique).

Para nuestro ejemplo, *seleccione* la opción de la tercera línea y *acepte*.- De aquí en adelante, todas las fechas que escriba en las celdas *seleccionadas* aparecerán en la presentación que ha elegido. Bastará que <u>digite solamente el número del día y el número del mes separándolos con una pulsación en las teclas de guión (-) o en la de línea oblicua (/)</u> y haga Enter. Salvo que Ud. ingrese, además, el número de un determinado año, el número del año actual se mostrará automáticamente cuando pulse Enter.

Sin perjuicio de lo dicho en la última frase del párrafo anterior, tome en cuenta lo siguiente: si Ud. escribe el año sólo con los últimos 2 dígitos, Excel interpretará el siglo **XX** (19..) si esos dígitos están entre el 30 y el 99; y el siglo **XXI** (20..), si dichos dígitos están entre el 00 y el 29.-De este modo, si Ud. escribe 4-6-35, la fecha interpretada será el 4 de Junio de 1935. Y si escribe 4-6-2, la fecha interpretada será el 4 de Junio de 2002.

7.3.3.- <u>LO QUE SE PUEDE HACER EN UNA PLANILLA ELECTRÓNICA</u>.-

Las principales actividades que es posible realizar en una Planilla Electrónica son: **Ordenamientos** de Datos, **Cálculos** con Datos y **Confección de Gráficos**. Diseñemos, entonces, una planilla de ejemplo, para demostrar el uso de estas funciones.

7.3.3.1.- CONSTRUYENDO UNA PLANILLA.-

Abra en su PC la Aplicación Excel (Inicio → *Programas* → MS Excel). Tendrá a la vista una *ventana* Excel como la que ya vimos en la Figura 3. Su nombre es Libro 1 y tiene activa la Hoja 1. Transcribirá a esta planilla los Datos de la planilla de la Figura 4, y luego ejecutará con ellos algunas de las funciones que existen en la aplicación Excel.-

Antes de ingresar Datos a las celdas, es conveniente "formatearlas" (lo que también puede hacerse después de ingresarlos, o durante el ingreso mismo). A continuación, veremos algunos formatos que Ud. aplicará a las celdas de esta planilla de ejemplo, y el procedimiento para establecerlos:

Alineación.-

Seleccione desde la celda A1 hasta la celda D10. Pulse el comando *Centrar* de la barra de Formato. (Todo lo que ingrese, después, en estas celdas, quedará *centrado* en ellas). Los comandos de alineación son las mismas casillas con rayas horizontales que se usan en el Procesdor de Palabras. Si no están instaladas en la barra Formato *arrástrelas* hasta ahí pulsando: Herramientas → Personalizar → Formato (en Categorías:) → Íconos de alineación (en comando:)

Fechas.-

Seleccione desde la celda B2 hasta la celda B10, que es precisamente el rango donde irán las fechas. Clic en el *menú* Formato. Pulse en Celdas y en la etiqueta Número. En Categorías, clic en Fecha. Se desplegará un cuadro con alternativas de presentación de fechas. Elija la forma que desee. En este caso, pulse en *04-mar-97*.- (Todas la fechas que ingrese, después, en estas celdas – cualquiera sea la forma en que las escriba – aparecerán en la presentación que Ud. eligió. Es decir, si por ejemplo Ud. ingresa los caracteres 14, raya, 8, raya, 1985, aparecerá 14-Ago-85).

<u>Destacado</u>.-

Es posible que Ud. desee destacar de alguna manera los nombres de las profesiones, por ejemplo, con tonos más intensos (esto se llama "negrita" y puede aplicarse a cualquier color). *Seleccione* desde la celda C2 hasta la celda C10. Enseguida, siga la secuencia: menú Formato → Fuente... → etiqueta Fuente → Estilo de fuente: → Negrita. Aceptar.

<u>Cifras</u>.-

Seleccione desde la celda D2 hasta la celda D11, que es el rango donde colocará cifras. Clic en el *menú* Formato. Pulse en Celdas y en la etiqueta Número. En Categorías, clic en Número. En el cuadro que se despliega, seleccione *0 decimales* y marque *Usar Separador de Miles*. (Todas las cifras que coloque posteriormente en estas celdas aparecerán sin decimales y el punto de los miles se insertará automáticamente). También puede asignar un formato a los números negativos.

<u>Enmarcado</u>.-

Se trata de dejar con bordes resaltados las celdas que contienen los Datos. Si se imprime el documento, estas líneas aparecerán. Si no se formatean así, el impreso sólo tendrá los Datos, pero no el cuadriculado.

Para efectuar este *formateo* es necesario disponer del comando respectivo en la Barra de Formatos. Si no está instalado en forma predeterminada, instálelo con clics en la siguiente secuencia: *menú* Herramientas → Personalizar → Barras de Herramientas → Categorías → Formato → comando. Aparecerán todos los comandos que tienen que ver con Formato. Ubique el que diga Bordes y muestre una flechita al lado derecho (indicando que posee un *submenú*), haga clic en él y *arrástrelo* hasta la Barra de Formato, suelte. Cierre la *ventana* de Personalizar.

Ahora dispone de un botón en la barra de Formato que le permite resaltar bordes en las celdas. Después de *seleccionar* la o las celdas que desea enmarcar, vaya a este comando *Bordes*, haga clic en la flechita y elija el tipo de borde que desea. Para el ejemplo, *seleccione* todo el cuadro de Datos (desde la A1 hasta la D10), vaya al botón Bordes y haga clic en el ícono que representa un cuadriculado. Todos los bordes de celdas del sector *seleccionado* quedarán intensificados.

Ya está de condiciones de traspasar a su planilla los Datos de la planilla de la Figura 4.- Hágalo, tranquilamente. Si se equivoca en algo, *seleccione* dicho sector, pulse la tecla Supr. (con lo cual se borra el contenido de ese sector) y escriba lo correcto donde está parpadeando el cursor. También puede *sobreescribir* en el sector *seleccionado*; esto significa que no necesita borrarlo, sino que basta con escribir lo correcto encima de él. (Estas posibilidades debe definirlas en el *menú* Herramientas → Opciones → Edición).

Figura 4.-

EJEMPLO DE UNA PLANILLA ELECTRÓNICA.

	Nombre	Fecha de nacimiento	Profesión	Número de palabras
1	Nombre	Fecha de nacimiento	Profesión	Número de palabras
2	Arturo	12-Ene-80	**Escritor**	5.225
3	Gastón	23-May-78	**Médico**	12.003
4	Bernardo	08-Sep-66	**Abogado**	10.584
5	Alfredo	20-Dic-85	**Periodista**	8.952
6	Roberto	12-Feb-80	**Ingeniero**	9.376
7	Juan	18-Jul-68	**Marino**	9.810
8	Pedro	28-Jul-70	**Médico**	3.726
9	José	03-Ago-63	**Médico**	11.008
10	Alfonso	25-Feb-65	**Escritor**	7.529
11	Promedio de palabras por trabajo			8.690

Comentarios a la Figura 4.-

a) En esta Figura 4, para simplificar su examen, no se ha presentado la barra de Tareas, que normalmente está en todas las *ventanas* de Windows.

b) La planilla tiene el nombre <u>Libro 1</u>, que Excel coloca automáticamente cuando se abre la primera planilla en que se va a trabajar. Al momento de *Guardar* (archivar) la planilla, este nombre puede cambiarse por el que uno desee. Si no lo hace, debe recordar que su trabajo está en el Archivo de Excel bajo el nombre Libro 1.

c) La tabla de Datos de este ejemplo, por la misma razón de simplicidad mencionada arriba, tampoco tiene un título. Además, está ubicada - en forma poco atractiva- en la esquina superior izquierda de la planilla, la que Ud. podrá mejorar como se indica más adelante.

Con respecto a lo primero, lo habitual es poner un título al trabajo mismo, igual o diferente al que tendrá el Archivo. En este caso, por ejemplo, el título del trabajo podría ser "Cuadro de personas inscritas", mientras que el Archivo podría guardarse con el nombre "Evento de Trabajos Literarios".

La ubicación de la tabla en la página, especialmente por razones de presentación si se va a imprimir, puede también mejorarse. Pruebe, en una alternativa, agregando filas (arriba) y columnas (a la izquierda) de la tabla; para ello, *seleccione* tantas celdas como filas o columnas quiera insertar, partiendo de la celda A1, vaya al *menú* Insertar y pulse, respectivamente, "Filas" o "Columnas". Otra alternativa es *centrar* la tabla en la página; en este caso, siga la secuencia: *menú* Archivo → Configurar Página → Márgenes → Centrar en la página, y elija el tipo de centrado. Asimismo, puede *seleccionar* toda la tabla y *arrastrarla* a otro lugar.

Finalmente, tenga presente que Excel no predetermina márgenes, de modo que tiene que definirlos en cada oportunidad. Esta es otra posibilidad para ubicar los trabajos en la página. Defina los márgenes y use la Vista Preliminar para apreciar los resultados.

7.3.3.2.- Trabajando en una Planilla Electrónica.-

Vimos más atrás que en una Planilla Electrónica se llevan a cabo normalmente: Ordenamientos, Cálculos y Gráficos.

Estudiemos algo sobre estas operaciones, con los Datos del ejemplo (Figura 4).-

• <u>Ordenamientos</u>.-

Supongamos que Ud. desea colocar en orden alfabético los Nombres de la columna A, manteniendo sus respectivos atributos de las otras columnas.

Proceda así: Clic en **cualquier celda** de la tabla. En la barra de *menús*, vaya a Datos. Clic. Elija *Ordenar*. En el cuadro que aparece elija *"Por Nombre"*, y marque *"Si"* en la opción *"La Lista tiene Fila de Encabezamiento"*. Acepte. Listo. En forma predeterminada el programa *ordena* por la columna donde puso el cursor. También puede *ordenar* sólo un sector *seleccionado*, en cuyo caso la lista no tendrá fila de encabezamiento.

Observe que pudo haber elegido el comando *Ordenar* para que actuara <u>en cualquiera de las otras columnas existentes.</u> Es decir, Ud. puede *ordenar* el cuadro por fechas de nacimiento, por profesiones o por número de palabras de los trabajos, además de lo que hizo por nombres.

El *menú* Datos permite efectuar también otro tipo de ordenamientos, tales como: *filtrar, obtener subtotales, etc.*- Pruebe Ud. mismo, por ejemplo, con el comando *Filtro* en el mismo *menú* Datos.

• <u>Cálculos</u>.-

Los cálculos se efectúan ubicando el cursor **en la celda donde Ud. quiere el resultado**, e **inscribiendo** en ella **una fórmula**.-

¡No se asuste!- Una fórmula es simplemente la manera de expresar relaciones matemáticas que igualan un resultado. Por ejemplo, si Ud. quiere la suma de 3 más 4 y designa el resultado con la letra **X**, la fórmula será: X = 3 + 4. Si Ud. busca el resultado **Y** de la multiplicación de 20 por 3, la fórmula será: Y = 20 * 3.

(Los signos que indican lo que debe hacerse con las cifras se llaman *Operadores*. Por ejemplo, el *operador* de multiplicación es el signo * ; y el de división, el signo /).

En Excel, las fórmulas se inscriben en la celda iniciando el texto con un signo =. A continuación, se escribe lo que se desea hacer. En términos matemáticos, la expresión de lo que se desea hacer se denomina "función". Existen, entre muchas, las funciones "suma", "multiplicación", "potencia", "raíz", "promedio", "contar", "logaritmo", etc. etc. Sin embargo, el *Programa* tiene palabras diferentes, o abreviaciones, para designar estas funciones. En expresiones simples puede no escribirse el nombre de la función, colocando solamente el operador; por ejemplo, la fórmula: = 20*4 dará 80, sin necesidad de escribir antes de la expresión "20*4" la palabra *producto*, que es el nombre de esta función. Para que la fórmula actúe hay que pulsar Enter.

La suma de 3 más 4 menos 2 se escribe, entonces: = 3+4-2. Pulsando Enter aparecerá, en este caso, un 5. La fórmula para la multiplicación de 2 por 5 por 15 por el contenido de la celda B6 se escribe así: =2*5*15*B6. Si la celda B6 contiene un 3, al pulsar Enter aparecerá el número 450; si cambia el 3 de la celda B6 por un 100, el resultado será 15000.- Esto último muestra el trabajo con *celdas referenciales*: Ud. no sólo puede operar con números, sino también <u>con el contenido</u> de las celdas que Ud. coloque en la fórmula, con la ventaja que puede cambiar ese contenido y el resultado cambiará automáticamente en la celda donde está la fórmula.

Si las operaciones son más complejas que algunas de las 4 operaciones tradicionales, el Asistente de

Funciones (botón f_x en la barra Standard) le ayudará a escribirlas.

Cuando la operación se refiere a varias celdas vecinas se habla de <u>rangos de celdas</u>. Los rangos de celdas se especifican con el signo "dos puntos" (:).- Por ejemplo, el rango de celdas que va desde la D2 hasta la D10 se escribe (D2:D10).

¿Desea obtener la Suma de todas las palabras de nuestra tabla, en la celda **D11**? Muy sencillo. Coloque el cursor en **D11** y escriba =suma(D2:D10). Enter. Listo. Debe aparecer la cifra 78.213.-

El resultado puede pedirlo en cualquier celda, siempre que ella no esté dentro del rango señalizado. ¿Desea el Promedio de todas las palabras, <u>en la celda</u> **A15**? Haga clic en **A15** y escriba =Promedio(D2:D10). Enter. Listo. Debe aparecer la cifra 8.690.-

Cuando los operandos son compuestos, es decir, contienen operaciones internas que deben resolverse primero, hay que escribirlas entre paréntesis (como en Álgebra) y el *Programa* las resolverá secuencialmente de adentro hacia afuera. Vaya como muestra: = 22+30-(520/10)+7*2. El resultado será 14.

Tarea:

Divida cada uno de los números de palabras del ejemplo por 4, y los resultados multiplíquelos por 1,25; ubique los resultados finales en las respectivas celdas de la columna **E**.- El resultado se ve así, con la última línea conteniendo la suma de estos valores.

E
1.633
3.751
3.308
2.798
2.930
3.066
1.164
3.440
2.353
24.442

Parece difícil, pero no lo es, y esta tarea le ilustrará sobre otra importante característica de Excel que contribuye poderosamente a ahorrar tiempo en cálculos repetitivos, cual es "arrastrar" fórmulas.

Proceda así:

Ubique el cursor en **E2** y escriba =(D2/4)*1,25.- Comentemos lo que ha hecho:

a)   La operación de dividir <u>el contenido</u> de la celda D2 por 4 la ha expresado escribiendo <u>el nombre</u> de la celda que contiene el dividendo (en este caso, D2), colocando enseguida el signo / como *operador* de división e incorporando el divisor 4.

b)   Ha cerrado la fracción entre paréntesis. Con esto, el *Programa* habrá entendido que debe calcular primero la fracción **(D2/4)** y considerar el resultado como un todo antes de proseguir con el cálculo de la fórmula. Es igual que en Álgebra.

c)   A continuación escribió el signo *, que es el *operador* para expresar la multiplicación, y puso la cifra 1,25.

En la barra de Fórmulas observará la fórmula completa. Si en este momento pulsa Enter la celda E2 mostrará la cifra 1.633, que es el resultado de la operación inscrita en esa celda. (Al formatear la celda con 2 decimales, este resultado aparecerá en su valor más exacto: 1.632,81).

A propósito de Formato:

Siempre compruebe que el <u>formato</u> de la celda elegida para el resultado <u>corresponda al tipo de información que está solicitando</u>.

En nuestros ejemplos anteriores, el formato deberá ser de **número** (*menú* Formato → Celda → Número → número...). Si tiene otro formato, el resultado aparecerá con aspectos muy extraños. Multiplique, por ejemplo, 6 por 8 en una celda formateada como **científica** y obtendrá 4,80E+01, en vez de 48.

Para estar seguro de que una celda está formateada como corresponde borre **todo** el contenido de esa celda y formatéela adecuadamente. A estos fines, marque la celda con un clic y efectúe la secuencia: *menú* Edición → Borrar → Todo.- A continuación: *menú* Formato → Celdas... → Número → Categoría...

Ya ha logrado inscribir la fórmula en la celda E2.
Sin embargo, Ud. quiere que esta misma operación se efectúe en la columna E con respecto a <u>todos los valores de la columna D</u>. Probablemente pensará en escribir

esa fórmula en cada celda de la columna E hacia abajo. Pero no, *arrastre* simplemente la fórmula que está en E2 hacia abajo, hasta D10.

A este fin, clic en E2. Coloque el cursor en el pequeño cuadrado negro que está abajo a la derecha en la celda y aparecerá una cruz negra. Clic, sin soltar el botón del Mouse, y mueva hacia abajo hasta la celda D10. Suelte el botón del Mouse. Ha *arrastrado* la fórmula, y tiene todos los resultados a la vista. Haga clic en cualquiera de estas celdas y verá en la barra de Fórmulas **cómo Excel ha ido adaptando los términos de la fórmula a los valores de cada línea**, y proporcionando los resultados correspondientes; es decir, en vez de D2 ha ido colocando D3, D4, D5, etc. Si en otros casos, Ud. quiere <u>dejar constante</u> alguno de los factores, señálelo y pulse F4 (o bien coloque los signos $$ manualmente), y así Excel no los variará cuando *arrastre* la fórmula.

A propósito de Arrastre:

Con la función de *arrastre* también se pueden realizar otras tareas interesantes, como desarrollar *series*. *Series* son, por ejemplo :

1,2,3,4,5,...
Lunes, Martes, Miércoles, Jueves, ...
2,4,6,8,10,12,...
Enero, Febrero, Marzo, Abril,...............

Escriba 2 o más términos consecutivos de la serie deseada, en 2 celdas vecinas, *selecciónelas, arrástrelas* por toda la extensión que quiera y obtendrá la serie respectiva. En las series de días y meses basta con colocar el nombre del día o del mes que inicia la serie.

Hay una gran cantidad de cálculos y operaciones que se pueden hacer con Excel. La sintaxis de las fórmulas (modo de escribirlas) es muy importante: paréntesis, signos, etc., al igual que en Álgebra. Siga los pasos fundamentales indicados más arriba, y use el Asistente de Funciones en casos más complejos o si se olvida de las convenciones para escribir las fórmulas.-

■ <u>Gráficos</u>.-

Si no está familiarizado con la técnica de representación gráfica (relaciones entre variables, tipos de coordenadas, tipos de curvas, escalas de dibujo, etc.) será aconsejable que salte este capítulo y lo retome en otra oportunidad.

Para ver cómo Excel puede dibujar un gráfico, desarrolle a manera de ejemplo un gráfico que represente la <u>altura de una persona en</u> <u>función de su</u> <u>edad</u>. La siguiente tabla será su base de Datos. La Figura 5 muestra un tipo de gráfico para esta tabla.

<u>Tabla de Alturas de una persona en función</u>
<u>de su Edad</u>

Edad		Altura (mts.)
Tramos	Años	
1	5	0,60
2	10	1,00
3	15	1,30
4	20	1,45
5	25	1,56
6	30	1,59
7	35	1,60
8	40	1,60

Especificaciones para el gráfico de este ejemplo:

En el eje de las abcisas (eje X) pondrá las edades; y en el eje de las ordenadas (eje Y), las alturas. El gráfico será del tipo lineal (hay también gráficos de barras y otros). Lo dibujará con ayuda del Asistente para Gráficos, cuyo botón de apertura se encuentra en la barra Standard en forma de unas pequeñas barras verticales de color.

Proceda:

Abra una nueva Hoja de trabajo de Excel. Copie a ella la tabla de más atrás. Clic en el Asistente para Gráficos, ubicado en la Barra Standard de Excel. Este *Programa* le presentará varios pasos (tal vez 4 o 5, según la versión), en los cuales Ud. recibirá ayuda para ir seleccionando opciones.

Las opciones que pone a su disposición el *Programa* tiene por objeto que Ud. lo instruya sobre:

- ¿Cuáles son los Datos que se graficarán y dónde están?
Selecciónelos en la tabla.

- ¿Qué tipo de gráfico desea (de líneas, de barras, tortas, etc)?
Elíjalo en el paso correspondiente del Asistente.

- ¿Qué características tendrá el gráfico (título, nombres en los ejes, reticulado, colores de líneas, colores de fondo, etc. etc.)?
Elíjalo en el paso correspondiente del Asistente.

- ¿Dónde desea colocar el gráfico (en la misma Hoja o en otra parte)?
Decídalo en el momento que el Asistente lo pregunte.

El programa Asistente para Gráficos contiene muchas alternativas de acción y numerosas informaciones. Pruebe Ud. mismo, hasta reproducir el gráfico de la Figura 5.- Tenga en cuenta, entre otras cosas, los siguientes alcances:

El *Programa* estructura el eje X (abcisas) en "categorías" (tramos), no en los valores a escala de la variable independiente de la tabla. Sin embargo, en el eje Y (ordenadas), los puntos del gráfico se ubican exactamente a escala según su valor. ¡Curioso! (Se pueden escribir en el Gráfico, pero sin variar la escala, los valores reales del eje X, eligiendo la opción Mostrar en la etiqueta Rótulos de Datos en el Paso 3 del Asistente)

Al conjunto de Datos de un mismo tipo (en el ejemplo: Tramos, Años, Altura), sea que estén en líneas o en columnas, el *Programa* los llama "series", y dibuja una curva para cada serie.

Así es que no se extrañe si, en su primer intento con este ejemplo, el *Programa* dibuja 3 curvas (porque considera la columna Tramo como *una serie* de Datos, la columna Años como *otra serie* de Datos y la columna Altura como *una tercera serie* de Datos). Ud. simplemente haga clic en la serie que no le interesa, en el gráfico, y bórrela cuando aparezcan marcas de acotamiento. Observe que, al borrar series, la escala de valores en la ordenada cambia. (No confunda estas *series* de los Gráficos con las *series* de los Cálculos en Excel).

Una vez obtenido el gráfico, Ud. siempre puede formatear a su gusto las coordenadas, el fondo, los títulos, etc. Sólo haga clic en el sector donde desee intervenir, hasta que aparezca acotado con cuadrados chicos. Puede cambiar su tamaño, moverlo de posición, y borrarlo (tecla *Supr.*). Puede dejar vinculado el gráfico a la tabla de origen, de modo que cualquier cambio en ella se refleje en su trazado. En fin, pruebe las opciones disponibles.

Esta operación de *graficar* no es muy fácil de entender en un comienzo, sobretodo si no se usa con frecuencia. Lea con tranquilidad y frente a su Pantalla las explicaciones precedentes. Con el tiempo, Ud. dominará el manejo y apreciará la potencialidad de este *Programa*.

Figura 5

<u>GRÁFICO DE LA ALTURA EN FUNCIÓN DE LA EDAD</u>.

7.4.- JUEGOS.- (INTERACTIVIDAD)

Unas de las Aplicaciones que más ocupan memoria en el Computador son los Juegos. Hay Juegos para niños, para grandes, para ociosos, para gente trabajadora, para inteligentes y para menos inteligentes. Algunos vienen incorporados en el equipo que se compra, pero la gran mayoría está disponible en diskettes o en discos compactos, que hay que adquirir aparte, o se pueden *bajar* de Internet. Son entretenidos, pero no indispensables, salvo si quiere distraer la mente después de tanto trabajar en el Computador.

¿En qué consiste manipular Juegos en el Computador?

Los *Programas* de Juegos son **interactivos**, vale decir, que responden con algún acontecimiento a alguna acción del usuario, en el marco de Reglamentos o relaciones predefinidas entre estos hechos y con el fin de lograr un objetivo.

Ejemplos conocidos son el ajedrez y las cartas.- Ud. puede jugar ajedrez con el Computador y él tratará de ganar. Pero también Ud. puede armar puzzles, manejar aviones virtuales, aprender idiomas, etc. etc.

(De paso, hay que decir que los Juegos resultan muy útiles a los principiantes en Computación, especialmente para adquirir destreza con el Mouse y con el Teclado. Pruebe con un Puzzle o con un Solitario).

Haga clic en Inicio y apunte a *Programas* → Accesorios → Juegos. Haga clic en el Juego que desee. Se *abrir*á una *ventana* con los elementos del Juego a la vista. Esta *ventana* tendrá, generalmente, un botón de Opciones, que servirá para elegir colores, distintos niveles de competitividad, etc.; y un botón de Ayuda, para explicarle cómo se juega ese determinado Juego.

Si los Juegos provienen de una fuente externa (diskettes, CDs, Internet) Ud. puede grabarlos y almacenarlos, para después *abrir*los y actuar con ellos. También puede jugarlos directamente desde el disco externo, evitando recargar su disco duro.

La Figura 6 muestra una Pantalla con el Juego de naipes Solitario® (de Microsoft Corporation). El *menú* Juego le proporciona variantes para el reverso de las cartas, para jugar de a una o más cartas, para iniciar un nuevo juego..., etc. El *menú* Ayuda le enseña cómo jugar.

Los Juegos, en general, se explican por sí solos y vienen con suficientes ayudas, por lo que no abundaré en su descripción. En este tema, cuando necesite ayuda recurra preferiblemente a niños chicos antes que a amigos expertos. Los niños de hoy parece que nacen sabiendo de botones...

Figura 6

SOLITARIO

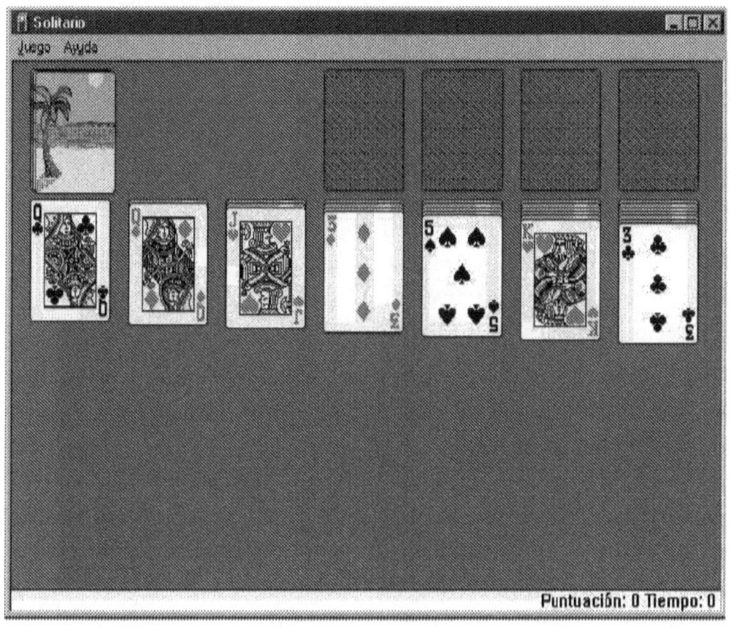

7.5.- INTERNET.-

Puede parecer ofensivo colocar INTERNET como un sub-capítulo de un texto sobre Computación. Mis disculpas. Pero la verdad es que en una Guía como ésta no hay posibilidad de dar un tratamiento, ni siquiera resumido, a INTERNET.

Por otra parte, considerando que el lector me reprocharía si no lo mencionara, demos un vistazo muy general a INTERNET.

7.5.1.-LAS REDES.-

Ud. puede trabajar con su Computador y efectuar una multitud de tareas frente a él, sin otra concurrencia que Ud. y su máquina.

Pero también es posible conectar diversos Computadores entre sí y llevar a cabo comunicaciones, intercambios de Datos, etc., entre personas o entidades. Es lo que se llama una red.

En una oficina, empresa, ciudad, etc. pueden existir redes locales. Cuando una red es mundial y comprende gran cantidad de Computadores organizados de alguna manera, ya se habla de la RED. Una de las más conocidas es Internet.

Este sistema de intercomunicaciones, como es de suponer, necesita un Hardware y un Software: algo *físico*, de soporte; y *Programas* intangibles, que lo administren.

Su Computador, el medio de enlace (línea telefónica, cable), quien le presta el servicio de conexión (Proveedor), miles de Computadores especializados que unen y administran las comunicaciones (servidores) y los Computadores de millones de usuarios de Internet constituyen el **Hardware** del sistema.

Los *Programas* que permiten desplazarse en este mar de máquinas son el **Software**, y constituyen la red propiamente tal; la más conocida en nuestro ambiente es la WWW™ (World Wide Web). No es fácil decir en qué consiste la WWW, ya que es un conjunto que incluye exploradores, servidores, enlaces, direcciones, páginas, terminologías, protocolos, etc. Para nuestro caso, bastará saber que existe y ahí está. Nuestro Proveedor nos permitirá ingresar a ella y usarla, sin problemas.

7.5.2.- <u>CÓMO CONECTARSE A LA RED INTERNET</u>.-

La interconexión de los Computadores en una red se hace normalmente a través de líneas telefónicas. Un aparato llamado Modem, colocado dentro o fuera de su Computador, transforma las señales del lenguaje electrónico del Computador a un lenguaje telefónico, y viceversa. Por lo tanto, Ud. necesita una línea telefónica para conectarse a Internet. Hoy en día estas conexiones se están haciendo también por cable, y ya han aparecido también las conexiones a distancia por ondas.

El servicio de conexión entre su PC y la red lo efectúan empresas especializadas en comunicaciones que reciben el nombre de Proveedores.- Estas empresas tienen muy diversos planes de conexión. Algunas cobran tarifas fijas y variables (dependiendo estas últimas de la duración o del horario de conexión). Otras, operan sólo con tarifas fijas. Unas más, sólo con costos variables.

No obstante, hay que tener en cuenta que todo este conjunto de servicios está en permanente evolución, se generan convenios entre prestadores de servicios, e incluso, se ofrecen conexiones gratis.

Es aconsejable consultar con el Proveedor:

a) Costo de la puesta en marcha. (Contrato de conexión).

b) Costo de uso. (Valor del tiempo de estar conectado. Horarios)

c) Costos adicionales, como por ejemplo, costo del servicio telefónico o del cable durante la conexión.

d) Duración del contrato, si lo hay, y condiciones para terminarlo.

e) Soporte técnico (ayuda en caso de problemas), su costo y duración.

f) En caso de gratuidad... ¿cuál es la contrapartida?

Y, ciertamente, no olvide la importancia que tiene pedir opiniones a otros usuarios sobre la calidad de determinados servicios.

7.5.3.- <u>PROPIEDAD Y FINANCIAMIENTO DE INTERNET</u>.-

Dicen que no hay un dueño específico de Internet, si bien su origen está en instituciones gubernamentales y universitarias de los Estados Unidos.

Internet se financia con aportes gubernamentales, empresariales y otros, así como con avisos comerciales.- Ud. tiene que pagar solamente a su Proveedor. Por lo menos, hasta ahora.

7.5.4.- ¿CÓMO SE OPERA EN INTERNET?

Repitiendo en cierto modo lo ya dicho, Internet y WWW son elementos que permiten comunicarse mediante el Computador, por escrito, por sonidos o por imágenes, con otras personas naturales o jurídicas. De hecho, esto no es tan restringido al Computador, porque desde hace ya un tiempo aparecieron equipos de bolsillo, como los teléfonos portátiles, que también pueden conectarse a la Red.

Cada uno de los usuarios tiene asignada una "dirección electrónica" en Internet. Para comunicarse con ellos, hay que escribir dicha dirección en un casillero especial en la Pantalla. Seguidamente, pulsando Enter se logra la comunicación. También hay "accesos directos", representados por logotipos o etiquetas, donde basta pulsar algún botón como "Go", "Ingresar", "Aceptar", "Abrir", etc. para establecer el enlace.

Los caracteres de estas direcciones son los normales de nuestro alfabeto y el procedimiento para inscribirlos es muy fácil. Además, las direcciones pueden guardarse en registros de la página inicial (llamados Favoritos, Bookmarks o Marcadores), donde basta hacer clic en su nombre para conectarse a ellas.

Una vez <u>pactada y habilitada en forma oficial su conexión a Internet</u>, Ud. puede iniciar su *navegación* por la Red. Sencillamente, enciende su Computador y pide a su Proveedor que lo conecte a la red. En otros planes, Ud. está todo el día conectado a Internet.

La conexión se logra, entonces, mediante un clic en un ícono específico del Proveedor, que tendrá disponible en su *Escritorio*. Cuando aparece el aviso diciendo que ya está conectado, y como todo no puede ser tan fácil, Ud. debe pulsar el ícono de su "Software de exploración" (Navegador), que también tendrá en su *Escritorio*. No obstante, si al configurar inicialmente su conexión a la red siguiendo la secuencia Inicio →

Configuración → Panel de Control → Opciones de Internet → Conexiones, Ud. deja como *predeterminado* un cierto Proveedor y activa la casilla "Marcar siempre la conexión predeterminada", bastará *abrir* el ícono mencionado y la conexión se hará automáticamente. También puede entrar a la red con: Mi PC → Acceso telefónico a redes → 2 clics en el plan que tiene con su Proveedor. Conviene colocar un acceso directo a esta conexión en el *Escritorio*.

Dependiendo de las características de su Proveeder, de la velocidad de su Computador, del tráfico que haya en la red y de otras variables, la conexión se demorará más o menos tiempo (segundos, minutos), así es que tenga paciencia. En todo caso, a medida que se desarrolla el proceso de conexión, van apareciendo avisos como: *Marcando*, *Conexión establecida*, *Verificando nombre y contraseña*, *Conectado*. Simultáneamente con este último aviso aparecerá en su Pantalla un ícono representativo de que la conexión se ha llevado a cabo. Pero también pueden aparecer avisos como: *Marcando*, *Conexión establecida*, *Falló la conexión*, *Intente de nuevo*, y cosas parecidas.- Insista con el botón de "conectar" o active en el cuadro de diálogo del Proveedor la opción para que repita el llamado automáticamente. Si no logra conectarse, o le aparecen avisos extraños, como "no se reconoce su contraseña", llame a su Proveedor: no sería raro que le hayan cambiado el número del teléfono al cual está llamando para conectarse.

Actualmente, existen también los servicios llamados de "banda ancha", mediante los cuales la conexión es prácticamente instantánea y las velocidades de comunicación son extraordinariamente rápidas.

El *Software de exploración*, que en inglés se llama *Browser* (hurgar, curiosear, hojear, vitrinear...), es la herramienta intangible que le permite a Ud. precisamente eso: vitrinear por la Red. Internet®

Explorer® (de Microsoft Corporation) es un Browser muy conocido. Netscape®Navigator® (Netscape Communications Corporation de AOL Inc.) es otro de los más usados.

¡Menos mal, al fin ya está navegando!

Ud. verá en su Pantalla una *ventana* llamada Página Inicial. Dicha página (Start Page) puede estar predeterminada por su Provedor, pero Ud. podrá cambiarla por otra cuando lo desee (*menú* Herramientas → Opciones de Internet → General → Página de inicio).

Esta Página Inicial es como una base de operaciones, desde donde Ud. iniciará su viaje; tiene *menú*s, casilla para direcciones, guías, enlaces a otras páginas, y por supuesto, publicidad. Haga clic donde quiera. No confunda con la Home Page (tal vez traducible a Portada) , que es la primera página **de un sitio** en Internet.

Escribiendo una "dirección" en la casilla correspondiente de esta Página Inicial y pulsando Enter, Ud. es conducido a un sitio (Site) o a una Página (Web Page) de alguien en Internet. O sea, se abren *ventana*s para Ud., con todo lo que ofrece el ente cuya dirección eligió.

Las direcciones de **Sitios** comienzan generalmente con la característica http://www., seguida de un nombre convencional y de un nombre de área. Por ejemplo, http://www.nasa.gov/, es la dirección del Sitio de la NASA, ubicado en el Área Gubernamental. Hay también otras convenciones para escribir destinos. Los sitios (Sites) poseen una o más páginas, dependiendo de su contenido. Ud. se desplaza entre ellas pulsando las flechas "atrás" o "adelante" en la barra superior del sitio.

Las direcciones que se emplean en el **Correo Electrónico** (que veremos más adelante) llevan también un nombre convencional, pero a continuación de él debe colocarse un signo "arroba" (@). Enseguida, se agrega un nombre de identificación del Proveedor y una abreviación del área mundial (*dominio*) donde está agrupado. En un ejemplo ficticio, la dirección podría ser: juanitoloco@superconectador.cl, que sería la dirección de correo de alguien que quiso bautizarse "juanitoloco" y que es servida por un Proveedor de servicios en la red llamado "superconectador" en el dominio "cl" (Chile). Los *dominios* están abreviados en forma fácil de reconocer; por ejemplo, los de países: es = España; cl = Chile; uk = Reino Unido; y así); los del sector comercial: = com; los gubernamentales = gov; los del área educacional: = edu; etc.

Si Ud. escribe en un texto una dirección entre paréntesis angulares (< y >), al pulsar Enter, ella se colorea y se activa. Haciendo clic en ella, va directamente a su destino. Se ha creado un "link".-

7.5.5.- ¿QUÉ SE PUEDE HACER EN LA RED?

Una vez conectado a Internet, Ud. puede:

❖ *Obtener* información: estudiar planos, consultar diccionarios, ver informes del tiempo, leer diarios o revistas, copiar *Programas* computacionales, consultar tarifas de hoteles, ubicar biografías, recibir archivos o fotos, videos, etc. etc.

❖ *Dar información*: ofrecer productos en venta, inscribir sus nuevos componentes de Computación, responder encuestas, declarar y pagar sus impuestos, remitir *Programas*, enviar archivos o fotos, videos, etc., etc.

❖ *Interactuar*: participar en juegos, hacer revisiones en conjunto con otras personas, aprender idiomas, realizar compras y/o ventas, etc. etc.

❖ *Comunicarse* con personas o entidades: enviar y recibir Correo Electrónico, mantener conversaciones, participar en foros, etc.

La mayoría de las actividades que se llevan a cabo en Internet pueden incluirse en una u otra de estas categorías.

Muchos Proveedores de Internet ofrecen cursos gratuitos para aprender a "navegar", usar el "correo electrónico", "crear páginas WEB", etc. Ubique el ofrecimiento en la Página inicial, lea cómo "bajarlo" (traspasarlo) a su disco duro o atienda el curso estando conectado.

<u>CORREO ELECTRÓNICO</u>.-

Capítulo aparte merece esta utilidad de Internet. Descrito en pocas palabras, el Correo Electrónico es una facilidad que proporciona la Red para enviar y recibir correspondencia electrónicamente y usando como medio visual la Pantalla del Computador.

Sus principales características son su <u>extrema rapidez</u> y su <u>amplia cobertura geográfica</u>. Es decir, en fracciones de segundos Ud. llega a cualquier parte del mundo. Por supuesto, a Ud. también lo pueden contactar con similar rapidez desde cualquier lugar. Daremos a continuación un breve vistazo a esta herramienta.

Como era de suponer..., el Correo Electrónico también necesita un *Programa* que lo maneje.- *Programas* conocidos son Microsoft®Outlook Express® (cuyas propiedades se describen aquí), Microsoft®Messenger®, y otros con nombres muy adecuados a este trabajo. A pesar de que Ud. ya debe haberse ido acostumbrando a no asustarse, le diré para su tranquilidad que estos *Programas* se instalan sólo una vez, para su uso posterior y continuado en el Correo. Pueden cambiarse, si lo desea. Asimismo, pueden actualizarse desde Internet a versiones nuevas.

Cualquiera que sea su *browser,* siempre tendrá algún botón para *abrir* la página del Correo.

Los diversos *Programas* administradores de Correo poseen características propias, pero puede decirse que comúnmente presentan 2 sectores de comunicaciones: **Correo** y **Noticias**.

El sector que trata los <u>mensajes propiamente tales</u> se apropia del nombre Correo Electrónico. El otro, que <u>distribuye noticias, foros, informes, etc</u>. se llama Grupos de Noticias. Se describen ambos a continuación.

<u>Correo Electrónico</u>.-

La *ventana* del sector Correo Electrónico presenta, por lo general, 5 elementos, reunidos bajo el nombre de "Carpetas locales". Es aconsejable que comprenda bien sus funciones, más que sus nombres, porque estos últimos varían según los *Programas*.

➢ *Bandeja de Entrada (Inbox)*.- Esta carpeta <u>contiene todos los mensajes que ha recibido</u>, con sus títulos, remitentes, fechas, etc.

➢ *Bandeja de Salida (Outbox)*.- También se llama *Elementos no enviados (Unsent).* <u>Contiene todos los mensajes que Ud. ha confeccionado pero que aún no ha enviado</u>. Ud. puede escribir un mensaje, <u>sin estar</u>

conectado a Internet, y usar el comando *"enviar luego"* (*"send later"*). El mensaje quedará archivado en esta Bandeja de Salida y se despachará cuando Ud. esté conectado a Internet y así lo ordene. Con esto, ahorra costos de conexión mientras redacta mensajes.

➤ *Elementos Enviados (Sent).-* Como el nombre lo dice, esta carpeta tiene todos los mensajes que Ud. ya ha enviado.

➤ *Elementos Eliminados (Trash).-* Carpeta donde se colocan todos los mensajes que Ud. ha decidido eliminar. Funciona como la *Papelera de Reciclaje* de Windows, pero tiene algunos comandos especiales relacionados con la mensajería propiamente tal.

➤ *Borrador (Draft).-* Aquí puede archivar borradores que desearía revisar en otra oportunidad, antes de enviarlos.

Tanto en las "Carpetas locales" como en cada una de sus Bandejas y Elementos Ud. puede incorporar *subcarpetas*, que son muy útiles para agrupar mensajes de una misma categoría, por ejemplo: por personas, por deportes, por negocios, etc. Con el botón secundario del Mouse haga clic en el elemento correspondiente y elija *Carpeta nueva...-* En el cuadro que se abre coloque un nombre a la nueva carpeta y *acepte*. El ítem *Elementos Eliminados* no admite sub-carpetas.

Finalmente, cabe mencionar que la *ventana* del Correo Electrónico tiene numerosos *menús*, dispuestos y diseñados según el *Programa* que lo maneje, donde Ud. puede seleccionar sus preferencias, opciones y comandos. Entre ellos, por ejemplo: "enviar luego", "enviar mensajes pendientes", *"abrir"* mensaje", "eliminar mensaje", "formato", "anotar dirección en agenda", "responder al remitente", etc. etc. Hurgetee en el *menú* Archivo y en el *menú* Herramientas de la ventana del Correo.

No tema experimentar con la *ventana* del Correo Electrónico, especialmente si no está conectado a Internet. Si está conectado a Internet, tenga cuidado con el comando *Enviar (Send);* si lo activa, su mensaje será transportado a destino en cuestión de segundos... <u>cualquiera sea su contenido.</u>

Una manera eficaz de comprobar la confección de sus mensajes y el funcionamiento del Correo Electrónico es enviárselos a Ud. mismo. Sí, escriba como dirección del destinatario su propia dirección, envíe el mensaje y ábralo en la *carpeta de entrada.*

<u>Grupos de Noticias (News).</u>-

Este sector contiene diversos Proveedores de noticias, llamados "cuentas". Cada uno de ellos le proporcionará miles de grupos de noticias. Haga clic en una "cuenta" con el botón derecho y dispondrá de un cuadro con opciones para acceder al grupo de noticias que desee. Tiene un índice alfabético y un buscador temático. Puede agregar y eliminar "cuentas".

El área *Grupos de Noticias* sirve, asimismo, para hacer consultas o intercambiar opiniones en un ambiente de foro.

Quisiera suponer que las explicaciones anteriores han sido suficientes para orientarlo en esto de Internet. El tema es muy amplio, y bien merece lecturas más detalladas con respecto a sus utilidades, herramientas, rol que desempeña en la sociedad actual y proyecciones para el futuro.

Es muy útil obtener información en la misma Red. Encontrará explicaciones, noticias, etc., directamente en los sitios o mediante enlaces (links) desde ellos a otros relacionados.

8.-MISCELÁNEA FINAL DE DATOS Y CONSEJOS.-

En cada capítulo de esta Guía me he esforzado en desarrollar los diferentes temas en la forma más clara posible, mostrando al mismo tiempo los procedimientos involucrados en cada caso.

Debo asumir, no obstante, que pueden haber quedado algunos aspectos sin un tratamiento suficiente. A continuación van algunos complementos que me han venido a la mente en las postrimerías de este trabajo, y que confío le servirán para enriquecer lo aprendido o aclarar más de algún concepto.- Lo espontáneo de estas ocurrencias hace que no aparezcan en un orden conceptual, sino sólo en una secuencia alfabética.

• <u>Ahorrar memoria y cuidar Archivos</u>.

Como queda dicho, es inconveniente recargar demasiado el disco duro con Archivos. Elimine los documentos pasados de moda y pase a diskettes, cintas o CDs los que no usa muy a menudo pero que desea conservar.

Traspasar los Archivos a estos elementos externos es, además, una buena medida para evitar eventuales pérdidas de información por borrado, eliminación involuntaria, sobreescritura, etc. Esta operación se llama "respaldar".

En Windows siempre hay varias maneras de hacer las cosas. Para traspasar un Archivo a un diskette, por ejemplo, Ud. abre el Archivo y en el *menú* Archivo pulsa la etiqueta *"Guardar como..."*, y elige la opción "Disco de 3 1/2 (A:)" en la casilla *"Guardar en:"* de la *ventana* que se abre. También puede *seleccionar* el nombre de su Archivo en el índice de la Aplicación, y "copiarlo" (o "cortarlo"), para "pegarlo" posteriormente en el diskette. Para estas últimas maniobras, use el *menú* Contextual y el *menú* Edición. Otra posibilidad es *abrir* el Explorador de Windows y *arrastrar* el ícono del Archivo desde su ubicación allí hacia el ícono del diskette.

Hoy en día, ya está disponible en los PCs un drive **grabador de discos compactos (CDs).** ¡Un CD tiene una capacidad de 650 MB, o sea, el equivalente a unos 450 diskettes! Es posible, por lo tanto, que Ud. desee copiar o respaldar su información en CDs. Tenga en cuenta que hay 2 tipos de Cds grabables: El CD-W (sólo graba) y el CD-RW (puede regrabar). Hay *Programas* de diversas procedencias para efectuar la acción de grabado.

- Ayudas de Office.

Cuando Ud. pulsa en el signo (?) en la barra de *menús*, o en la tecla F1, se presentan las opciones de ayuda de las Aplicaciones de Office.

Una, en especial, es un "monito" que se llama El Ayudante de Office. Este "monito" le da oportunidad de hacer preguntas, buscar palabras, ver sugerencias, etc. El Ayudante de Office es una variante muy útil de las Ayudas de Windows. Ud. puede cambiar el "monito" eligiendo entre varios disponibles: Clic con botón derecho en el "monito" actual, y clic en Elegir Ayudante...

• <u>Configurar</u>.-

Ud. ha visto a menudo esta palabra. Incluso, está en el Glosario del Capítulo 5. Sin embargo, no siempre se recuerda bien el procedimiento para *configurar* elementos. Cada Aplicación tiene por lo general un comando para *configurar* su trabajo. La *configuración* para su equipo computacional la encuentra pulsando el botón Inicio, eligiendo luego la ficha Configuración y finalmente el Panel de Control. En este panel elija el área que desee *configurar*: Correo, Pantalla, Modems, Fecha y Hora, Impresoras, Teclado, etc. El Panel de Control es como el "Puente de Mando" de un buque.

• <u>Copiar, cortar y pegar</u>.- (*menú* Edición)

Estos comandos son fenomenales para traspasar información de un lugar a otro, de una página a otra, de una Aplicación a otra, a otro lugar en la página, de una página de Internet a un mensaje del e-mail, etc.
<u>*Seleccione* el objeto</u> (texto, planilla, etc.) <u>que desea trasplantar a otro lugar</u>, y <u>use el</u> <u>comando respectivo</u> <u>(*menú* Edición)</u>: Copiar o Cortar, según su necesidad. Si usa Copiar, los Datos se **duplican** al pegarlos en el lugar de destino. Si usa Cortar, los Datos se **trasladan** al lugar de destino, desapareciendo en el lugar de origen. <u>*Abra* el lugar de destino</u> y <u>marque Pegar</u>. Listo.
El botón Pegar adhiere todo el contenido del objeto original, con su texto, formato, fórmulas, etc.
Existe otro botón en el *menú* Edición que dice *Pegado especial...* Este botón permite pegar **sólo algunos aspectos de lo señalizado y en diferentes formatos**. Las opciones que presenta varían según la Aplicación. Por ejemplo, Ud. puede *copiar* una celda completa de una planilla electrónica, pero *pegar*

solamente los comentarios que posee, si usa la opción *Pegado Especial*.

Finalmente, mencionaré que hay un comando no muy conocido, pero bastante útil, que copia **toda la ventana**. No necesita *seleccionar* nada. Es el botón ImpPnt (vea "El Teclado", en la sección 7.1). Ud. pulsa este botón y **todo lo que está viendo en la Pantalla se copia al Portapapeles.** De allí, puede *pegarlo* en otro documento cualquiera. Interesante es si lo pega en una Aplicación de dibujo como el Paint®, donde posteriormente puede editarlo (recortar partes, cambiar colores, etc.). Los dibujos de este libro han sido hechos así.

A fin de no tener que *abrir* el *menú* Edición cada vez que necesita usar estos comandos es conveniente que coloque sus íconos de acción directa en alguna barra de su Aplicación. Para ello, use la opción Personalizar del *menú* Herramientas, como se ha explicado anteriormente.

Los comandos Cortar, Copiar e ImpPnt trasladan los objetos a una bandeja virtual (electrónica, no tocable) que se llama Portapapeles (*Clipboard*). Allí quedan, pudiendo Ud. *pegarlos* desde alli las veces que quiera y donde quiera. El contenito del Portapapeles se elimina cuando Ud. introduce otro texto (aunque sea un solo carácter), el cual reemplaza lo existente. En el intertanto, Ud. puede navegar por el Computador, sin que el contenido del Portapapeles se altere.-

A veces, antes de *copiar* o *cortar* algo, Ud. querrá saber qué hay en el Portapapeles, a fin de no reemplazar su contenido con el nuevo texto. Pues bien, existe un Visor (*Viewer*) que permite ver el contenido de esta bandeja. Proceda así: botón Inicio → *Programas* → Accesorios → Herramientas del sistema → Visor del Portapapeles. Clic. Se abre una *ventana*, donde puede ver el contenido del Portapapeles y efectuar diversas maniobras en la barra de *menús* (incluso, colocar un acceso directo a él en el *Escritorio*, evitando todo el largo camino recién señalado para accederlo).

• <u>Dar sus Datos</u>.-

En Internet es muy común que a Ud. le pidan sus Datos: Nombre, dirección, teléfono, e-mail, etc.

El objetivo puede ser muy plausible, como el hecho de tenerlo registrado para darle ayuda, informarle novedades, enseñarle sobre garantías, etc. Sin embargo, tenga en cuenta que otras veces usan sus Datos para enriquecer bases de Datos propias o de terceros, quienes luego lo "bombardearán" con publicidad y mensajes.

Muchos "solicitadores de Datos" dicen explícitamente que no usarán sus Datos para otros fines que los que indican; bueno, ahí puede proceder, si le interesa. Además, es conveniente saber que muchas legislaciones, especialmente en los países más desarrollados, obligan a los remitentes a colocar "links" para desactivar (unsubscribe) el envío de correspondencia no deseada.

En general, no proporcione sus Datos si no es para algo en que realmente tiene interés. Y, en el caso del número de su Tarjeta de Crédito, además de lo anterior, nunca si no va encriptado o si el destinatario – siendo serio y conocido – no le dice que la transmisión es segura. Hay firmas y procedimientos para respaldar esto último, que se lo explicarán en cada oportunidad. ¡Menos mal que el ingenio humano da para todo!

• <u>Descongestione</u>.-

Parte de este tema ya fue tratado en un párrafo anterior, pero "lo que abunda no daña".

Acostúmbrese a no recargar con información su disco duro. Por muy poderoso que éste sea, su capacidad siempre podrá coparse. Un disco duro demasiado lleno hace más lento el trabajo de su Computador, e incluso, dificulta la ejecución de algunos *Programas*.

Los discos duros se llenan rápidamente con los Juegos, las Fotos en colores, *Programas*, Videos, y similares, que son de alto contenido en "Bytes". No tanto, con simples Archivos de Datos o textos.

Tenga en cuenta que la *Papelera de Reciclaje* puede acumular mucha "basura" y ocupar disco sin que Ud. se dé cuenta; si su contenido es prescindible, elimínelo definitivamente. A veces, Windows es muy gentil y le avisa que ha colocado mucha carga también en el Portapeles, y le pregunta si desea conservarla.

• <u>Encabezado y pie de página</u>.

Tanto el Procesador de Palabras, como la Planilla de Cálculo, dejan un espacio (Encabezado) en la parte superior de la página; y otro, en la parte inferior (Pie de página). Estos espacios quedan un poco más hacia afuera de los márgenes que uno haya definido. Sirven para poner fechas, referencias, iniciales, números de páginas, reseñas, etc., en forma separada del texto propiamente tal.

Las distancias entre el *Encabezado y el Pie* con respecto a los márgenes se definen en *Configurar Página* (del *menú* Archivo). Hay que cuidar que el encabezado y el pie queden suficientemente alejados de la primera línea, respectivamente, de la última línea del texto, para que no se confundan con ellas; pero tampoco deben quedar muy cerca del borde de la hoja porque pueden no imprimirse completamente. Revíselos con la opción *Vista preliminar*.

Los comandos para *abrir* y editar los *Encabezados* y *Pies* se encuentran en el *menú* Ver.

En el <u>Procesador de Palabras Word</u>, cuando Ud. hace clic en el comando "Encabezado y pie de página", el texto de su trabajo se presenta en segundo plano (desteñido, pero legible), con un rectángulo punteado en la parte superior, que dice "Encabezado". Desde ya, ahí puede Ud. apreciar la distancia a que quedará el encabezado de la primera línea del texto, y cambiarla si lo desea. Para ello, desplace el texto hacia abajo con el cursor en su comienzo, y haciendo uso de la tecla Enter. También aparece una barra con comandos, donde Ud. puede formatear lo que escribirá, alinear el inserto, fechar, etc. Uno de los comandos de esta barra le permite permutar el rectángulo de "encabezado" por otro de "pie", donde puede efectuar las mismas maniobras, esta vez, para el pie de página. Una vez que ha terminado, pulse "cerrar".

En la <u>Planilla Electrónica</u>, después de hacer clic en el comando "Encabezado y pie de página..." tal como en el caso anterior (*menú* Ver), se muestra una *ventana* con el título *Configurar Página*. Seleccione la etiqueta "Encabezado y pie de página". La mitad superior de la *ventana* emergente sirve para el encabezado; y la mitad inferior, para el pie. Ud. puede insertar textos predefinidos, usando las flechitas; pero también puede "personalizar", es decir, colocar su propio texto, usando las etiquetas que allí se ofrecen.

- <u>Íconos</u>.- (Moverlos)

En el *Escritorio*, Ud. puede mover los íconos de un lugar a otro *arrastrándolos* con el botón izquierdo del Mouse. Sin embargo, al apagar y volver a encender su PC lo más probable es que aparezcan en su ubicación original. Si los quiere mover para que se queden en otro lugar, use el botón derecho del Mouse y después de *arrastrarlos* pulse en la opción "Mover aquí".

En el caso de que sus acciones no le sean obedecidas, no desespere: simplemente revise el menú contextual, haciendo clic con el botón derecho del Mouse en cualquier lugar del *Escritorio*, y asegúrese de que la opción "Configuración automática" no esté activada.

Para mover íconos a la Barra de Tareas pulse en el botón Inicio con el botón derecho del Mouse (aparece el *menú contextual* del botón Inicio) y abra la ventana del archivo Inicio. Si su ícono no está a la vista, abra el ícono Programas, que sí está allí, y busque su ícono. *Selecciónelo* y *arrástrelo* a la Barra de Tareas, o bien, use su menú contextual. Para sacar íconos de la Barra de Tareas, elimínelos, usando su menú contextual; o bien arrástrelos al *Escritorio* y de allí a la Papelera.

• <u>Intercalar líneas</u>.-

En el <u>Procesador de Palabras</u>, Ud. puede intercalar líneas colocando el cursor después de la última palabra del párrafo anterior, y pulsando Enter. Es bueno reiterar, por lo demás, que esta pulsación — en cualquier lugar de un escrito - *da por finalizado* un Párrafo.

En cambio, en la <u>Planilla Electrónica</u>, para intercalar líneas y columnas, Ud. debe ir al *menú* Insertar y elegir allí la opción deseada. Las líneas se intercalan <u>arriba</u> de la celda señalizada; y las columnas, <u>a la izquierda</u>. Después de intercalar líneas o columnas, si las líneas o columnas originales contenían fórmulas de un mismo tipo, respectivamente, tenga especial precaución en *arrastrar* por encima del espacio intercalado a lo menos una de las celdas vecinas que contengan fórmulas o formatos, conectándolas de este modo con las que siguen. Porque, de hecho, la inserción crea una brecha en la serie, y las líneas o columnas insertadas estarán vacías y no contendrán las fórmulas que podrían haber estado en cada una de las series. A pesar de lo anterior, los resultados finales (con cualquier función) de cada línea o columna permanecen iguales, y reconocerán todo cambio que se introduzca en las celdas insertadas de esas filas o columnas.

• <u>Inversiones en Computación</u>.-

Invertir dinero en Computación no tiene límites. Siempre aparecen cosas novedosas. No es preciso que Ud. compre todo, pero algo tendrá que gastar <u>al comienzo</u> en: un mueble para el hardware y un buen sillón para Ud.; un *Programa* antivirus actualizable; algunos diskettes o CDs; cajas para guardar estos últimos; y, seguramente, una conexión a Internet. Más adelante, <u>en forma continua</u> y según el uso, papel y tinta para la Impresora. Pero esto es parte del oficio y no le afectará mucho su presupuesto.

Si Ud. usa su Computador solamente en controles financieros, registros caseros y comunicaciones por Internet, así como para una entretención terapéutica moderada, los siguientes consejos pueden serle de utilidad a fin de no endeudarse mucho o demasiado pronto:

➤Recuerde que su equipo debe desempeñar las tareas que Ud. necesita actualmente.- Todo lo nuevo e interesante que aparece, tal vez también le será útil, pero déjelo para más adelante.

➤ Reflexione y compare alternativas antes de adquirir novedades. No olvide que, principalmente en lo que se refiere a Software, casi siempre le darán la posibilidad de probarlas gratis por un tiempo. En Internet puede bajar mucho Software a prueba o sin costo.

➢ Lo <u>básico en Hardware</u> es: el PC, un Monitor, un Mouse, Parlantes, Micrófono, Teclado y una Impresora.

➢ Lo <u>básico en Software</u> es: Sistema *operativo* principal (como MS-DOS), *Sistema operativo* con interfaz gráfica (como Microsoft Windows), Aplicaciones para escribir y calcular (como Microsoft Office o Microsoft Works), Juegos conocidos (como Carta Blanca, Solitario), todos éstos de Microsoft Corporation. También son importantes la capacidad de Multimedia (Audio, Video, Imágenes) y un *Programa* Antivirus <u>actualizable</u>.

➢ No crea en eso de que su equipo quedará obsoleto muy pronto. Pienso que para las circunstancias actuales, si Ud. compra un equipo nuevo, de buenas características, sin ser necesariamente "Top" (hágase asesorar por amigos), Ud. tiene equipo para 5 años o algo más. Use las "herramientas de mantenimiento" que posee y trátelo con cariño. Después de este período, en el cual habrá tenido tantas satisfacciones y se le habrá "abierto el apetito", Ud. no sufrirá absolutamente nada dotándolo de otras golosinas o dándolo de baja y comprando algo más avanzado. Por lo demás, la relación costo-beneficio va siendo cada vez más favorable al comprador.

• <u>Macros</u>.-

De repente Ud. se encontrará con esta palabra, y no le será fácil ubicar a alguien que sepa explicarle su significado. Con frecuencia se mencionan las macros en determinados trabajos, pero sin una descripción detallada de ellas mismas.

Voy a tratar de definirlas en la forma más breve y precisa posible.

❖ Una Macro es una herramienta de Computación que permite <u>realizar *automáticamente* un conjunto de acciones secuenciales *predefinidas*</u>. Es especialmente práctica cuando Ud. debe usar con frecuencia una misma serie de instrucciones. En lugar de pulsarlas una a una, Ud. las graba, y las activa con un comando ad hoc cuando las necesita. El *Programa* que ha grabado sus instrucciones es una Macro.

❖ Para convertir una secuencia de acciones en un comando Macro *abra* el *menú* Herramientas y apunte a la ficha Macro.

En la **primera parte** del *menú* que se despliega pulse el nombre *Macros...* Aparece un cuadro con un listado de las macros que Ud. haya podido crear antes. *Seleccionando* la que guste, puede ejecutarla, modificarla, eliminarla o ver su descripción. En ese mismo cuadro puede organizarlas y archivarlas. No grabe macros con la opción *Crear* de este cuadro, porque necesita saber *Programación* con Visual Basic.

Para crear nuevas Macros use la opción *Grabar nueva macro...* de esta primera parte del *menú*.- Al hacer clic en esta opción se abre un cuadro donde Ud. puede poner un nombre a la nueva Macro, asignar un lugar (Teclado o Pantalla) para colocar el comando, y definir dónde se archivará la Macro; este cuadro tiene Ayudas. Al pulsar *Aceptar*, de ahí en adelante **todo lo que Ud haga en su Computador se grabará en la función macro** que está construyendo. Cuando termine su frecuencia de acciones, pulse el botón *Detener grabación*. La secuencia de acciones ha quedado grabada.

En el momento en que Ud. desee materializar una serie de acciones conocidas y grabadas en una macro, coloque el cursor en el lugar de ejecución, *seleccione* el nombre de esa macro en el cuadro mencionado precedentemente y pulse *Ejecutar*. O bien, si así lo configuró, pulse la tecla respectiva (Teclado) o el botón asignado (barra) a dicha macro. Todo el conjunto de acciones se llevará a cabo automáticamente.

Por último, en esa misma primera parte del *menú* hay una opción llamada *Seguridad*...Es sumamente importante, porque los virus informáticos se introducen a través de las macros (por favor, no me pregunte cómo ni por qué). Elija simplemente el nivel más alto de Seguridad y estará a buen recaudo.

En la **segunda parte** del *menú* de la ficha Macro no incursione por ningún motivo. Le van a mostrar cómo se usa el lenguaje de *Programación Visual Basic*, con el cual se construyen las Macros, y otras cosas como para dejarlo Knock Out...

• <u>Mantenimiento</u>.-

Cuando se habla de "mantenimiento" (o "mantención", en algunos lugares) siempre se piensa en una buena conservación del equipo en su aspecto físico. Eso está bien. En el caso del Computador, limpie de vez en cuando el Teclado, las cajas, etc. con un paño humedecido en alcohol; y la Pantalla, con un limpiavidrios suave. Tal vez, más adelante, Ud. o algún amigo más versado, se atreverá a *abrir* las cajas y limpiar su interior y los circuitos con una aspiradora. Esto es mantenimiento del Hardware.

Pero en Computación tenemos un mantenimiento que es tanto o más importante que el mantenimiento físico de sus equipos. Es el mantenimiento del Software. De hecho, con el tiempo, los Archivos se desordenan, se dañan; los discos se llenan de Archivos provisorios o temporales que ya no cumplen ningún objetivo; y, por ahí, puede andar también dando vueltas algún virus. Todo esto hace que el Computador funcione más lento o acuse algunos errores.

Windows, previendo estos inconvenientes, trae *Programas* que efectúan este mantenimiento del Software. Siga la secuencia: botón Inicio → *Programas* → Accesorios → Herramientas del Sistema.- Allí encontrará los principales *Programas* de mantenimiento del Software, que son: Desfragmentador (reúne Archivos dispersos) y Scandisk (revisa daños en discos). Según la versión de Windows, se le proporciona también un programa global de mantenimiento, que incluye varios programas. Por supuesto, Ud. debe disponer también de un *Programa* Antivirus, que puede comprarlo en tiendas o vía Internet, y que se maneja aparte con sus propias recomendaciones y actualizaciones.

Cada uno de estos *Programas* trae explicaciones y comandos suficientes para ponerlos en práctica. No deje de *ejecutarlos* con frecuencia (digamos, mensualmente).- Incluso, viene un *Programa* para planificar estas acciones de mantenimiento, de modo que se realicen automáticamente según Ud. lo establezca; se llama Programador de Tareas y se encuentra con la siguiente secuencia: Inicio → Programas → Accesorios → Herramientas del Sistema → Tareas Programadas (Programar nueva Tarea).

• *Menú* Contextual.

Con clics en el botón *izquierdo* del Mouse Ud. puede *abrir* documentos, activar comandos, desplegar *menús*, etc. Haciendo clic en el botón *derecho*, Ud. despliega un *menú* que se llama "*menú* contextual". Este *menú* lleva dicho nombre porque permite actuar con comandos justo en el lugar que ha señalizado (o sea, en el contexto que está), en lugar de ir a la barra de *menús* y empezar a buscar allí los comandos que necesita. También, tiene comandos exclusivos para ese Archivo. La diferencia es sutil, así es que lo recomendable es que Ud. pruebe por sí mismo a fin de detectar las ventajas de estos *menús contextuales*.

• <u>Mouse (limpieza del...)</u>.-

Con el uso, a la bolita del Mouse se adhieren pelusas, grasa, polvo, etc., ensuciándose también los pequeños rodillos internos. El funcionamiento del Mouse se vuelve errático y contrariante.

Cada cierto tiempo (semanas), dé vuelta el Mouse, desatornille la tapa que sujeta la bolita y saque la bolita (cae sola). Limpie cuidadosamente los rodillos con un género o papel suaves (secos), limpie la bolita con un paño o papel con alcohol, déjela secar, vuelva a colocarla y atornille la tapa. Verá cómo mejoran sus clics.

• <u>Protección contra virus</u>.-

Los virus computacionales son *Programas* malintencionados que se introducen en sus discos o cintas de almacenamiento de Datos con el único fin de molestar: borran Archivos, presentan avisos indeseados, cambian fechas, eliminan *Programas*, etc.-

¿Quiénes los hacen y por qué? Yo no lo sé, pero dicen que son "estudiantes adelantados", "competidores", "neuróticos", "opositores a algo", en fin, gentes sin moral a quienes les interesa darse este tipo de gustos. Lo que sí se sabe es que, cada vez con más frecuencia, las autoridades los están desenmascarando y castigando según las leyes.

Ud. puede combatirlos de 2 maneras:

1) **No dejándolos entrar**. Los virus se introducen cuando Ud. "abre" un Archivo, clip, estampa o mensaje que los porte. Pueden venir de la Red (principalmente en el correo electrónico) o de diskettes que hayan sido usados descuidadamente por otras personas. No haga clic sobre ninguna de estas señales, si no les reconoce un origen serio. A los diskettes de terceros "páseles" un antivirus antes de *abrirlos*.

2) **Con un Programa Antivirus**. Hay numerosas marcas. Vienen en diskettes o en CDs y se traspasan a su disco duro, desde donde se encargan de detectar y eliminar virus. También puede "bajarlos" de Internet. Los *Programas* antivirus deben "actualizarse" con su Proveedor, porque aparecen miles de virus nuevos mensualmente. Estas actualizaciones son gratis, al menos por un tiempo...

Y como el ingenio y la maldad humana van juntos, también han aparecido unos intrusos computacionales llamados "espías". Son pequeños *Programas*, no tan peligrosos como los virus, que se introducen en nuestro PC junto con algunos mensajes, cookies y otros elementos. Lo que hacen es copiar datos nuestros y enviárselos a empresas o bases de datos, las que después nos "bombardean" con ofertas. Hay *Programas* anti-espías que se pueden bajar gratis de Internet.

• <u>Reemplazar</u>.-

Este es un comando espectacular en Word. Lo encuentra en el *menú* Edición. Sirve para *reemplazar* letras, palabras o frases, en parte o en todo su documento, por otras. El cambio se puede referir al contenido, al formato, a las mayúsculas o minúsculas, a comillas, etc.

Supongamos que Ud. ha escrito 40 páginas de un cierto trabajo, donde ha puesto la palabra "hermosura" muchas veces, y desea que aparezca en su lugar la palabra "belleza". Simplemente, en el cuadro que se despliega al pulsar el comando *Reemplazar...*, Ud. escribe la primera palabra en el casillero *Buscar: ;* y luego, la segunda palabra en el casillero *Reemplazar con:*, y pulsa la opción que desea. El efecto es impresionante. Observe la Barra de Estado, mientras opera el comando.

• <u>Restar fechas</u>.-

En la Planilla Electrónica Ud. no sólo puede restar números, sino también puede calcular diferencia de días entre fechas, o averiguar una fecha sumando o restando días a otra fecha.

Coloque, por ejemplo, una fecha en la celda A4 y otra fecha futura en la celda B6. Escriba la siguiente fórmula en la celda D8: = B6-A4. Pulsando Enter, en la celda D8 obtendrá la cantidad de días entre ambas fechas. O bien, ponga una fecha en una celda, escriba un número en otra, y una fórmula en una tercera que sume ambos contenidos. Enter. Obtendrá la nueva fecha.

No olvide formatear bien las celdas (formatos de números y formatos de fechas, donde corresponda), porque si no lo hace pueden aparecer cifras exóticas en sus celdas de resultados.

• <u>Reunir documentos en Carpetas</u>.-

En Aplicaciones como el Procesador de Palabras o la Planilla Electrónica es muy probable que el índice del *menú* Archivo acumule una gran cantidad de documentos, algunos de los cuales pueden estar relacionados o tener ciertas afinidades entre sí.

A fin de que Ud. pueda ubicar con facilidad los documentos que son de un mismo tema, tal vez le convenga tenerlos juntos en una Carpeta.

En el *Programa* Explorador de Windows vaya a Archivo y haga clic en Nuevo. Haga clic, por ejemplo, en Carpeta y tendrá un nuevo ícono en el listado del contenido del disco duro, con el nombre Nueva Carpeta. Apuntando a este ícono y haciendo uso del *menú* contextual (botón derecho del Mouse), Ud. puede ponerle el nombre que quiera. *Arrastre* este ícono hacia el ícono de la Aplicación donde desea incorporar esta Carpeta, y *arrastre* los Archivos que desee reunir, a esta nueva carpeta.

• <u>Seleccionar</u>.-

En el Procesador de Palabras Word, cuando quiera borrar o actuar sobre varios sectores (letras, palabras, líneas, frases, párrafos, columnas) a la vez, coloque el cursor al comienzo, pulse y arrastre en el sentido y hasta donde tiene en mente intervenir.

Si mantiene apretada la tecla Control, y después coloca el cursor en cualquier parte de una frase, se seleccionará automáticamente toda la frase. Para seleccionar una palabra rápidamente haga 2 clics sobre ella. Para seleccionar un párrafo completo, haga doble clic a un costado del mismo. Hay otras "astucias", que las puede ubicar en la Ayuda.

• <u>Signos prohibidos en direcciones</u>.-

En nombres de Archivos o en direcciones de Internet hay algunos signos que no son reconocidos como válidos. Por ejemplo, no use los signos ¿ / * : > y otros parecidos, porque el *Sistema Operativo* se enoja y le presenta un mensaje de repudio. O, visto desde otro ángulo, si aparece un mensaje diciendo que el título <u>no es válido</u> o <u>no se encuentra cierta</u> dirección, seguramente ha puesto alguno de estos signos prohibidos. Revise y borre los signos sospechosos de haber incurrido en este pecado, y pruebe de nuevo.

• <u>Sobres y etiquetas</u>.

Cuando Ud. comience a escribir con el Computador y descubra ese maravilloso mundo de la edición, el formateo, la corrección sin goma de borrar, el Archivo intangible, la impresión a gusto, etc., probablemente tenga dificultad en saber cómo se imprime el sobre de una carta...

En el *menú* Herramientas vaya a *Sobres y etiquetas...*; allí encontrará espacios para escribir la dirección y el remitente, opciones para el tamaño de sobre y otras facilidades. Consulte el manual de su Impresora para ver cómo colocar los sobres en ella.

Esta misma herramienta le permite configurar la impresión de etiquetas de todo tipo y tamaño.

• <u>Vínculos e Hypervínculos (Links e Hyperlinks)</u>.

Sus definiciones las puede encontrar en el Capítulo 5.- LENGUAJE COMPUTACIONAL. (Enlaces).

Veamos la operación con un *vínculo* y con un *hypervínculo*, a través de sendos ejemplos.

❖ Vínculo.-

Un *vínculo* es sencillamente un recurso para que en un lugar se repita lo que sucede en otro lugar.

Abra una Hoja de Excel. Escriba en la celda A1 el número 35; en la celda A2, el número 5; e ingrese la fórmula de la <u>suma</u> de ambos números en la celda A3. Enter. En la celda A3 aparecerá la cifra 40.-

Pulse en la celda A3 y *cópiela*. *Abra* un Documento en Word y *péguela*, <u>pero con el comando *Pegado* especial...*Pegar vínculo*</u> (*menú* Edición).

Ahora, si cambia cualquier cifra en los sumandos inscritos en la Hoja de Excel, cambiará el resultado de su suma allí, **pero asimismo en su copia en el documento de Word**. Esto puede hacerlo, por cierto, también entre hojas o documentos de una misma Aplicación.

❖ Hypervínculo.-

La acción de pulsar un *hypervínculo* ya establecido lo lleva a uno instantáneamente al lugar con el cual está vinculado (letra, palabra, símbolo, frase, etc., ubicados en otro lugar).

Abra un documento en Word y ponga textos distintos en 3 páginas diferentes de él, como por ejemplo: "Hola", en la página 1; "Aquí estoy", en la página 2; y "Este texto es muy corto", en la página 3.-

En la página 3 *señalice* la palabra "Este", *cópiela* (*menú* Edición), vaya a la página 1 y coloque el cursor un poco más abajo de la palabra "Hola". Pulse *Pegar como hypervínculo* (*menú* Edición).- En ese lugar aparecerá la palabra "Este", en algún color (azul o granate, por lo general). Es su Hypervínculo a la frase que está en la página 3.- Si Ud. hace clic en esta palabra coloreada se presentará inmediatamente la página 3, con el cursor parpadeando delante de la palabra "Este". El *Hypervínculo* puede formatearlo como quiera (*menú* Formato). Pruebe colocar otros hypervínculos entre estas páginas de ejemplo.

• <u>Zoom (dimensionar el..)</u>.-

En la barra Standard de su *ventana* hay una casilla blanca con un número y el signo %; a su derecha, una flechita para desplegar un *menú* con diversos porcentajes. Es el Zoom o herramienta de acercamiento y alejamiento de imágenes.- Ud. puede elegir el grado de "zoom" en ese *menú*, que normalmente ofrece tramos múltiplos de 5 a partir de 10%. No obstante, si Ud. selecciona esta casilla, puede colocar el porcentaje que quiera, por ejemplo 63%, y activarlo pulsando Enter. Incluso, basta con colocar una cifra, sin el signo %.

Hemos llegado al final de esta Guía. Si bien vimos sólo aspectos fundamentales de las áreas contempladas, confío en que haya podido aprender lo suficiente como para seguir adelante sin dificultad y por su cuenta. Estoy convencido que podrá hacerlo, porque le ha perdido el miedo a la bestia, sabe cómo está constituida y cuáles son sus trucos.

De más está señalar que lo descrito es, en todo caso, apenas una "pizca" del área computacional, y que cubre muy parcialmente las funcionalidades del Computador Personal. A medida que avance en sus conocimientos, verá cuán interesante y amplio es el tema, y cuán lejos se ve su fin...

¡Buena suerte!

El Autor

9.- Aspectos legales.-

Este libro es propiedad intelectual del autor y no se permite su reproducción parcial o total, así como su transmisión por cualquier medio, salvo lo que dispone el contrato pertinente con la Editorial.

El texto contiene nombres y abreviaturas mayoritariamente de marcas registradas por Microsoft Corporation, que muestran esta propiedad escribiéndose con mayúscula y con el signo ® por lo menos la primera vez que se citan. Sus apariciones posteriores por lo general solamente llevan mayúscula. Aparecen algunas menciones de otras marcas donde dicho signo va en color y se citan también a título referencial y bajo el concepto de "fair use". Estos nombres o abreviaturas se señalan únicamente como referencia, para identificar el contenido del producto, sin intención de afectar la marca registrada en modo alguno, y para beneficio del dueño de la marca registrada, no constituyendo además respaldo o auspicio alguno de parte del dueño de la marca para con el autor de este libro. Las imágenes que se han extraído de las Aplicaciones (empleando los comandos *ImpPnt* o *Copiar y Pegar*) deben entenderse pertenecientes a ellas, y presentadas sólo a título demostrativo y dentro del contexto de esta Guía. El uso de "Fuentes" (Fonts), así como de otras importaciones al texto, no mencionadas anteriormente, ha sido siempre sin intervenciones del autor en cuando a su estructura u otros aspectos de su constitución.

En general, todas estas inclusiones y similares se han hecho bajo el concepto de "fair use"; y puesto que las principales citadas pertenecen a Microsoft Corporation y están registradas o son marcas registradas en los Estados Unidos y/o en otros países, se han seguido las indicaciones de Microsoft Corporation en cuanto a su mención. Otros productos o entidades, que se citan como ilustración, con menor ocurrencia y sin menoscabo comparativo alguno de su calidad – también reconocida como excelente -, son mencionadas bajo los mismos conceptos referenciales y de "fair use". Eventualmente, se usa el signo ™ para designar marcas que por su uso continuo deben ser "marcas comerciales" (trade marks) y que pueden estar registradas o no.

Se deja constancia que las explicaciones sobre los temas de fondo propios de este Texto y sobre los productos de marcas registradas provienen exclusivamente de los conocimientos y la experiencia del autor de esta Guía, los que se han expuesto sin pretensión de ser exhaustivos ni intencionadamente restringidos.- Su inclusión cumple sólo la función informativa de esta Guía, así como su extensión y detalle obedecen al ya explicitado objetivo de ella de ser una iniciación en la materia. Dichas explicaciones, tal cual están, no autorizan formular juicios sobre la calidad de los productos citados, por lo demás reconocida como excelente por el autor y muchas otras fuentes. Por otra parte, no hay garantías con respecto a los resultados o sus consecuencias que el lector pueda obtener con el empleo del contenido de esta Guía.

Las palabras o frases que son comunes y de uso frecuente en Computación, al igual que los nombres de *menús*, comandos o *subProgramas* de Aplicaciones ya reconocidas como patentadas o no en este texto, se distinguen sólo escribiéndolas con mayúscula, al menos la primera vez que se mencionan. Ejemplos ilustrativos para estos casos son: Formato, Fuentes, Aplicaciones, Mouse, Monitor, Software, Hardware, Virus Informático, Drive, etc.-

ÍNDICE

Editorial LibrosEnRed

LibrosEnRed es la Editorial Digital más completa en idioma español. Desde junio de 2000 trabajamos en la edición y venta de libros digitales e impresos bajo demanda.

Nuestra misión es facilitar a todos los autores la **edición** de sus obras y ofrecer a los lectores acceso rápido y económico a libros de todo tipo.

Editamos novelas, cuentos, poesías, tesis, investigaciones, manuales, monografías y toda variedad de contenidos. Brindamos la posibilidad de **comercializar** las obras desde Internet para millones de potenciales lectores. De este modo, intentamos fortalecer la difusión de los autores que escriben en español.

Nuestro sistema de atribución de regalías permite que los autores **obtengan una ganancia 300% o 400% mayor** a la que reciben en el circuito tradicional.

Ingrese a www.librosenred.com y conozca nuestro catálogo, compuesto por cientos de títulos clásicos y de autores contemporáneos.